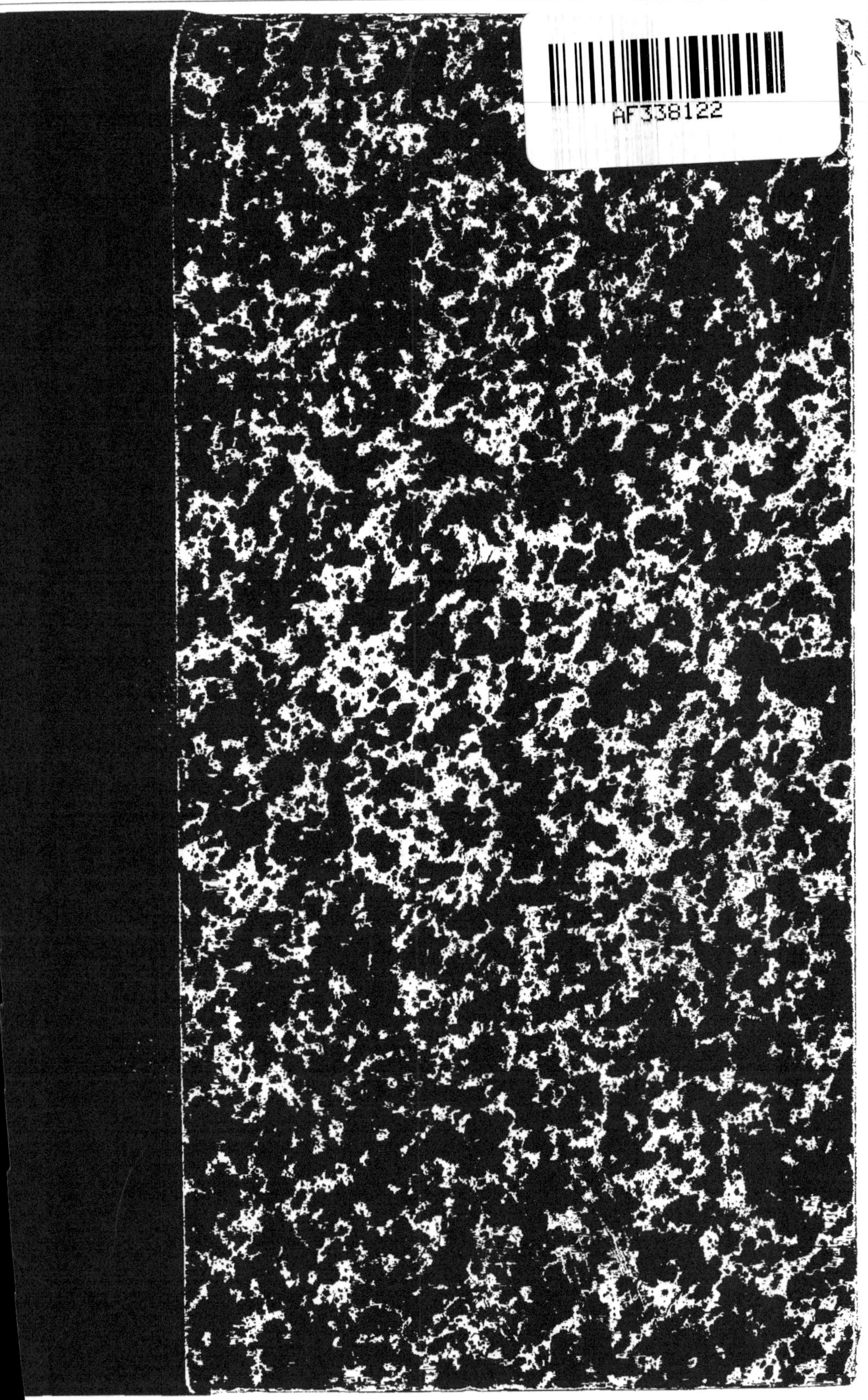

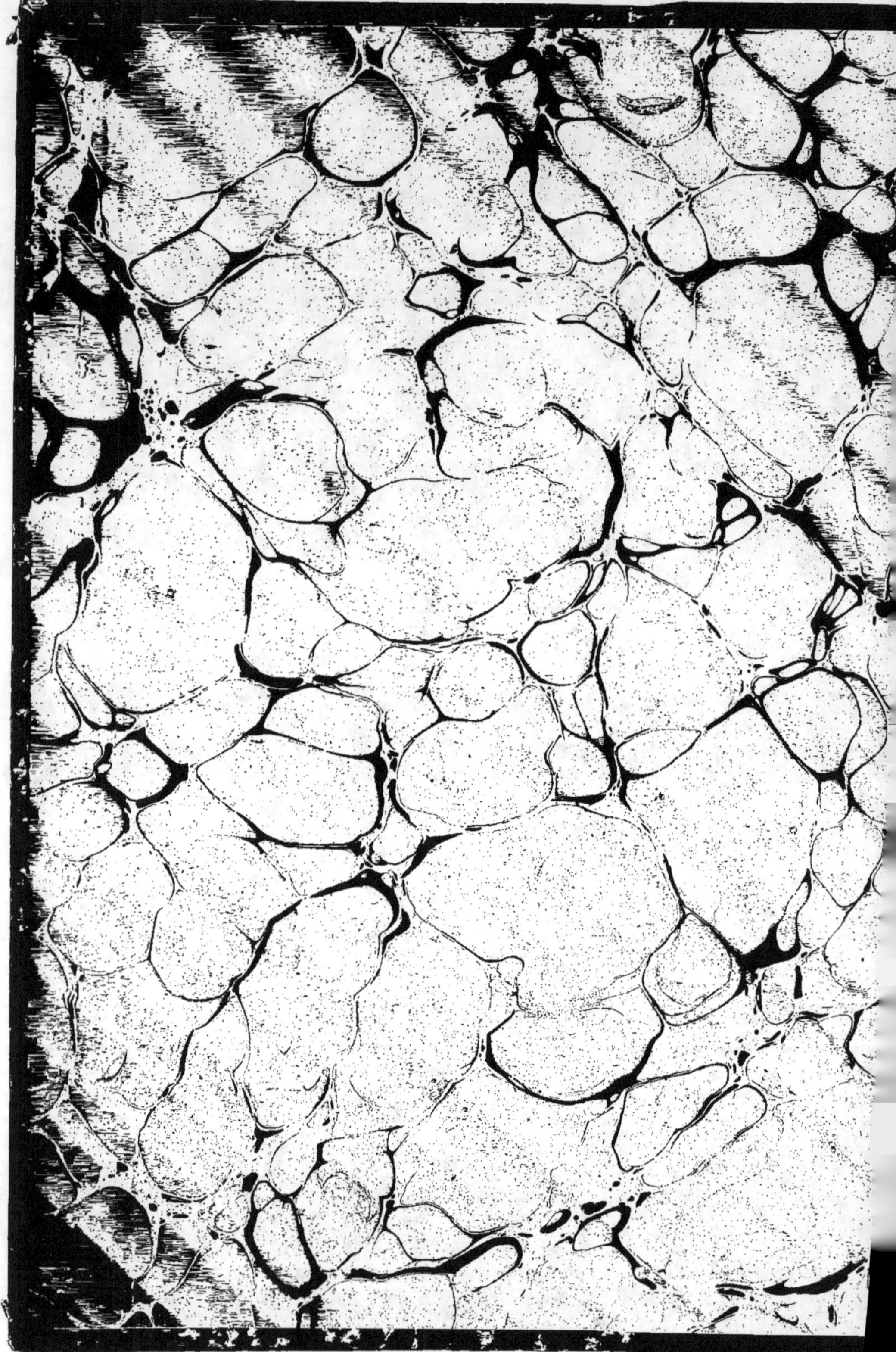

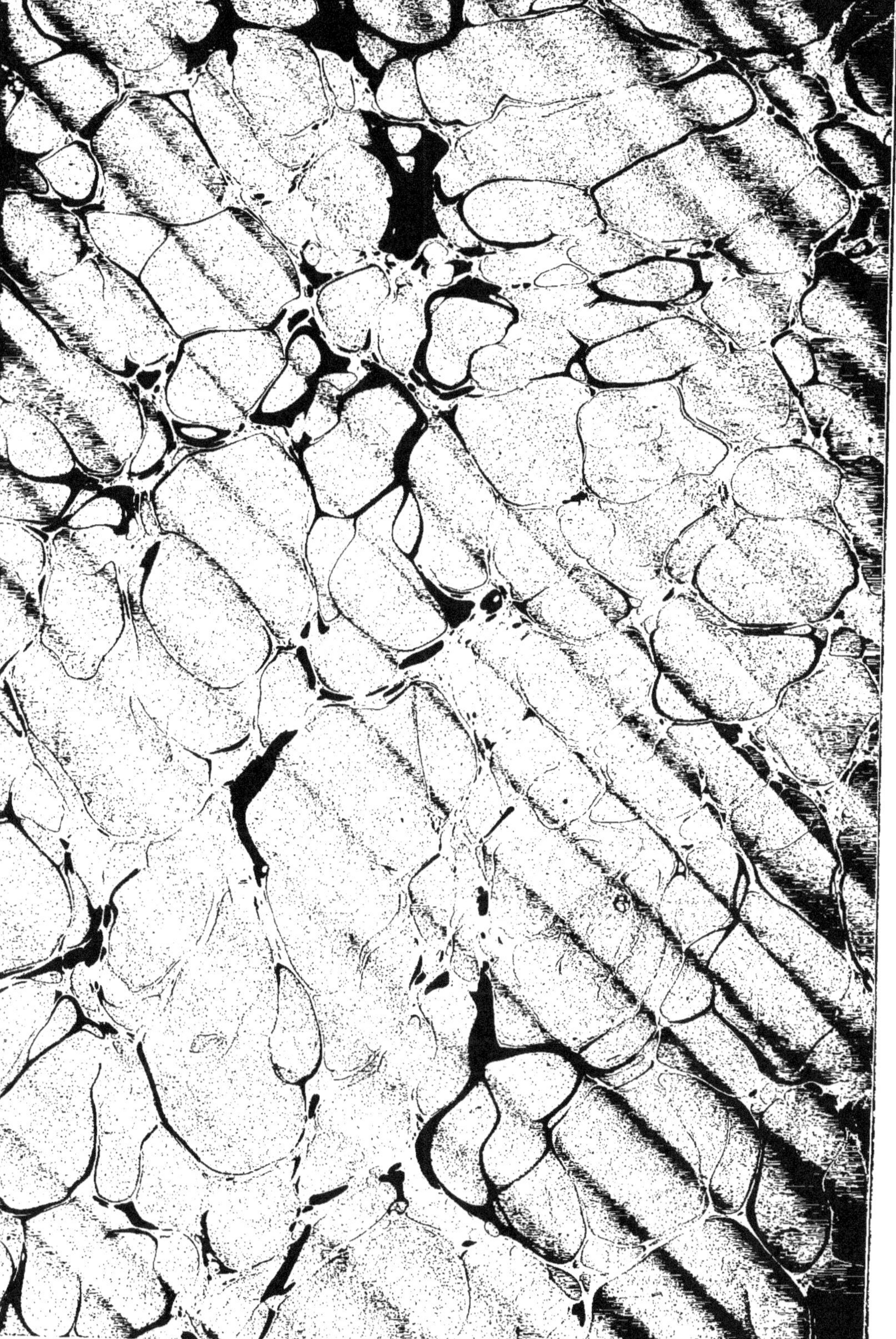

APPLIQUÉ

LUC...

DÉCOR

DE LA

LA TERRE

DÉCOR DE LA TERRE

L'ART APPLIQUÉ AUX MÉTIERS

Ouvrage publié sous les auspices de la Société de l'Art appliqué aux Métiers

LISTE DES NEUF VOLUMES

QUE COMPRENDRA L'OUVRAGE

PARUS

I. **DÉCOR DE LA PIERRE.** — Application aux éléments de construction.

II. **DÉCOR DE LA TERRE.** — Poteries mates, grès, faïence, porcelaine, céramique architecturale.

III. **DÉCOR DU VERRE.** — Gobeleterie. Mosaïque. Vitrail.

A PARAITRE

IV. **DÉCOR DES MÉTAUX USUELS.** — Le fer.

V. **DÉCOR DES MÉTAUX USUELS.** — Le plomb, l'étain, le cuivre, le bronze.

VI. **DÉCOR DES MÉTAUX PRÉCIEUX.** — Orfèvrerie, bijouterie, joaillerie. Monnaies et médailles.

VII. **DÉCOR DU BOIS.** — Charpenterie. Menuiserie.

VIII. **DÉCOR DU MOBILIER.** — Meubles et sièges (bois massif et bois plaqué). Marqueterie.

IX. **DÉCOR DU TISSU.** — Soieries. Broderies. Tapisseries. Tapis.

DÉCOR

DE

LA TERRE

PAR

Lucien MAGNE

INSPECTEUR GÉNÉRAL DES MONUMENTS HISTORIQUES
PROFESSEUR A L'ÉCOLE DES BEAUX-ARTS ET AU CONSERVATOIRE DES ARTS ET MÉTIERS

OUVRAGE ILLUSTRÉ DE 130 GRAVURES

PARIS

LIBRAIRIE RENOUARD — H. LAURENS, ÉDITEUR

6, RUE DE TOURNON, 6

1913

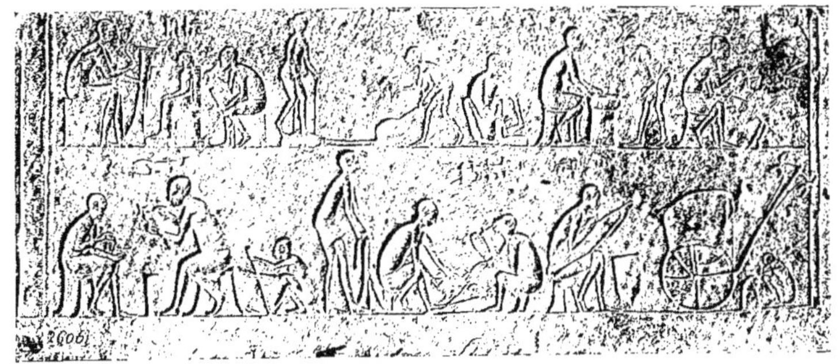

Un atelier de céramique en Égypte. Bas-relief du Musée de Florence.

DÉCOR DE LA TERRE

I

LES POTERIES MATES ET TENDRES DANS L'ANTIQUITÉ

(Égypte, Grèce, Étrurie, Empire romain).

1° Travail de la terre.

Le travail de la terre, durcie par la cuisson, fournit sur la naissance et le développement du sentiment artistique chez l'homme des indications intéressantes. D'abord la terre grasse est pétrie suivant des formes appropriées à l'usage : puis commence un essai de décor par boulettes de terre imitant, de très loin, des formes d'animaux ou des formes humaines, formes subordonnées à la destination des objets usuels.

L'invention du tour modifie ces premiers essais : on obtient des surfaces régulières, on cherche à les décorer par des ornements d'applique, estampilles dues à des cachets ou à des cylindres, imbrications faites à la main entre deux cordons de

terre, alternances d'ombres et de lumières obtenues par des coups
de pouce sur une saillie rapportée, dessins faits à la pointe sur
la terre séchée.

Avec les surfaces unies naît une autre idée, celle de la décoration par la peinture, qu'on réalise par l'application sur la terre
d'argiles colorées (engobes). Deux moyens sont employés : ou
l'argile colorée est appliquée au pinceau sur la terre séchée, dont
la couleur est claire, ou la pièce affermie est trempée dans l'argile
blanche liquide et, lorsqu'elle est séchée, on enlève au grattoir
l'ornement pour laisser apparaître le ton de la terre colorée.

La peinture semble avoir pour point de départ la projection de
l'ombre sur une surface formant écran. Dans les limites du
contour, l'ombre confond toutes les formes : de là est venue
l'idée de redessiner le trait à la pointe par une incision dans la
terre, ou de réserver le trait en clair au moment de l'application
de la couleur au pinceau.

Plus tard, l'artisan devient plus ambitieux : il cherche à varier
la couleur par des retouches d'argile rouge ou blanche, faites
après une première cuisson, et qu'il fixe en faisant repasser la
pièce au feu.

La matière plastique dont la base est l'argile (silicate d'alumine) peut, au contact de cendres alcalines, subir un commencement de vitrification. Telle paraît être l'origine des glaçures ou
des émaux que les Égyptiens et les Chaldéens employaient pour
enrichir la terre et aussi pour la protéger, la cuisson n'étant pas
poussée très loin.

Des oxydes métalliques coloraient ces émaux : on a trouvé en
grand nombre des débris de pièces émaillées dans les fouilles
pratiquées en Égypte, où quelques pièces témoignent d'une
cuisson assez parfaite, pour qu'on ait cru pouvoir donner le nom
de porcelaine égyptienne à des objets formés d'une fritte siliceuse,
que recouvrent souvent, en Égypte, des émaux bleus de cuivre
ou de cobalt.

La couleur de la terre varie, suivant sa composition et le degré
de sa cuisson, du blanc rosé au rouge et jusqu'au gris foncé. A
une température élevée les tons des argiles colorées se fondent
dans la coloration grise.

La porcelaine, dont les matières premières sont le kaolin et

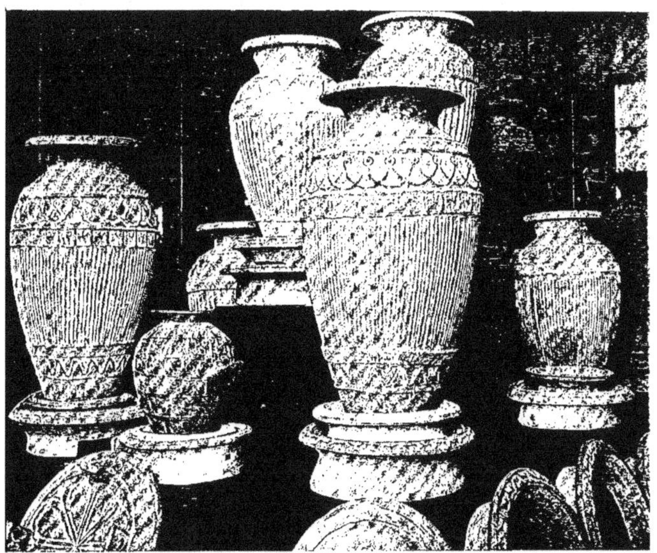

Fig. 1. — Grands vases à décor de reliefs trouvés à Cœré (Etrurie) et comparables
à ceux découverts à Cnossos en Crète. Musée du Louvre.

la pegmatite (feldspath quartzeux), est une sorte de verre à transparence laiteuse ; le grès, nom générique des *argiles plastiques*,
composées de silicate d'alumine et d'alcali, et cuites au grand
feu, n'est pas transparent bien qu'il subisse fréquemment une
vitrification superficielle.

L'antiquité n'a connu ni le grès ni la porcelaine. Si quelques
poteries antiques ont la composition des grès, leur cuisson n'a
pas été suffisante pour leur donner la dureté et l'imperméabilité
des grès japonais ou des grès français modernes.

Il est singulier que l'art hellénique, malgré les emprunts faits
à l'Égypte et à la Chaldée, n'ait jamais pratiqué la glaçure ni
l'émaillage de la terre. Tous les vases grecs appartiennent à la
catégorie des poteries mates et tendres, et c'est exceptionnelle-
ment, dans les fouilles pratiquées à Rhodes et à Chypre, c'est-à-
dire dans les îles qui ont reçu directement la civilisation asiatique, qu'ont été découvertes des poteries glacées ou émaillées
assimilables aux poteries chaldéennes ou égyptiennes.

La terre employée dans l'antiquité est généralement l'argile
impure ou la marne argileuse, dont on régularisait la pâte par
le « marchage » pour éviter les désagrégations que produisaient,
à la cuisson, les défauts d'homogénéité.

Le marchage de la terre est figuré sur les bas-reliefs égyptiens
(bas-relief au Musée de Florence) ; il est encore pratiqué de nos
jours.

2° Origine des formes.

On se tromperait en croyant que le potier a passé des formes
simples aux formes compliquées. C'est le contraire qui semble
avoir eu lieu. Pour les peuples en enfance, comme pour les
enfants, dont le sentiment artistique a été éveillé par l'instinct
d'imitation, plus une œuvre est surchargée plus elle est belle.
De là sans doute les essais grossiers d'imitation en pastillages
de formes d'animaux ou de formes humaines, qu'on a trouvés
sur les vases recueillis dans les fouilles d'Hissarlik (emplacement
présumé d'Ilios), ou sur les vases les plus anciens de l'île de
Santorin (Théra). La destruction par une éruption volcanique
de l'île de Théra permet de fixer approximativement la date des
poteries qui ont été découvertes et qu'on a pu comparer à celles
d'Hissarlik, ou à celles des « Terramares » de la vallée du Pô.

On a pu en conclure qu'il avait existé, dans le bassin médi-
terranéen, une civilisation primitive qu'on pourrait appeler
Égéenne, parce qu'elle s'est développée sur les côtes et dans les

îles de la mer Égée, et dont les poteries façonnées à la main caractériseraient les premiers essais. Certaines poteries, découvertes au Mexique, dans le Yucatan, ont les mêmes caractères et semblent caractériser, à des époques et sous des climats très différents, des états de civilisation analogues.

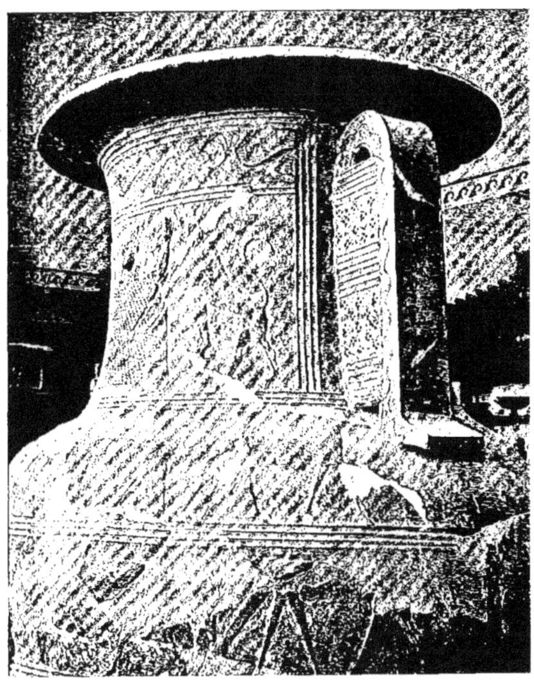

Fig. 2. — Vase découvert à Milo, décoré en relief par modelage. Musée d'Athènes.

A l'époque où se formaient sur les côtes et dans les îles de la mer Égée ces premiers groupements de peuples, venus peut-être de l'Asie centrale, la civilisation égyptienne brillait, depuis plusieurs milliers d'années, de tout son éclat. Mais le décor des poteries n'y a pas été poussé très loin. On fabriquait, au tour, des vases de terre qu'on décorait de légers reliefs dessinant sur la panse des feuilles de lotus ou des ornements géométriques. Ils sont figurés sur des cuillers de bois, dont les manches sont de petites figures de portefaix ou d'esclaves portant des vases à l'épaule. Le British Museum conserve des vases égyptiens usuels de grande dimension, munis d'anses pour le transport. Quelques-uns sont analogues aux grandes jarres récemment découvertes à Cnossos, en Crète, et dont le décor ne consiste qu'en cordons de terre sur lesquels les anses prennent appui. Un bourrelet contourne l'orifice du vase.

Des jarres de pareilles dimensions ne pouvaient être tournées : le tournage suppose une masse de terre assez réduite pour que le tourneur puisse la tenir et l'élever dans les mains. Les grandes jarres ou « pithois » étaient sûrement exécutées comme on le fait aujourd'hui dans le Beauvaisis par le « tournassage » à la main, sur une sellette, de boudins de terre roulée ou « colombins », soudés les uns aux autres manuellement et montés suivant un profil. Ce mode de fabrication se prête à un décor de léger relief ou à l'application de cordons qu'on façonnait au pouce ou qu'on chargeait d'ornements obtenus par estampage. La répétition des mêmes motifs, groupés de deux en deux ou de trois en trois, rend sensible ce procédé de décor.

Les vases trouvés en Étrurie (Cœré) et provenant de la collection Campana (fig. 1) sont des spécimens très intéressants d'un mode de fabrication qui paraît avoir été commun aux Égyptiens et aux peuples d'origine orientale qui avaient colonisé les îles et les côtes de la mer Égée, avant même les grandes migrations qui conduisirent les Doriens dans le Péloponèse et les Étrusques en Italie.

Dans les îles voisines de la côte asiatique, la fabrication paraît avoir été plus soignée, et, bien qu'il soit difficile d'établir une chronologie exacte de ces poteries primitives, il semble qu'on ait essayé, concurremment, de décorer par relief les grands vases fabriqués à la main et, par peinture à l'aide d'engobes, c'est-à-dire d'argiles de différents tons, les vases fabriqués au tour.

La civilisation dite mycénienne, révélée par les fouilles de Mycènes et de Tirynthe, semble avoir fait surtout usage pour le décor des poteries des argiles colorées appliquées au pinceau ;

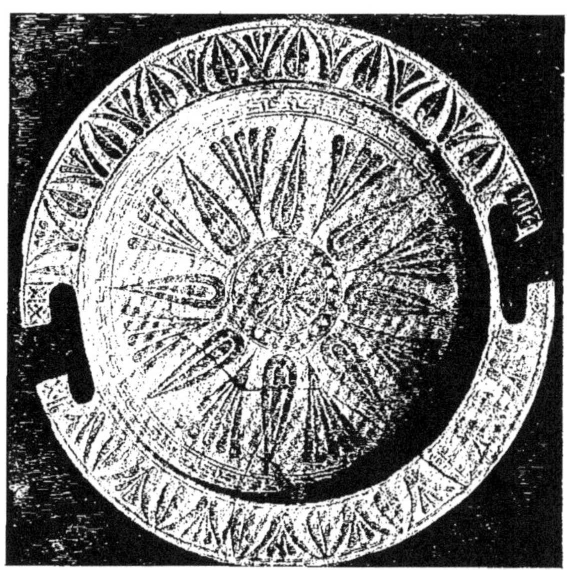

Fig. 3. — Plat Rhodien échancré en forme de bouclier, décoré sur le bord de boutons et feuilles de lotus. Musée du Louvre.

mais cette civilisation mycénienne qui, dans l'Argolide, semble s'être développée du xvie au xe siècle avant notre ère, a eu des phases très diverses qu'attestent les progrès accomplis dans le travail des métaux durant cette période et dont témoignent les coupes d'or découvertes soit dans les tombes en puits de la citadelle de Mycènes, soit dans les tombes à coupoles et notamment dans celle de Vaphio en Laconie.

Le décor par engobes des poteries mycéniennes consiste en dessins très simples, bandes alternées, chevrons, spires de ton noir brun ou rouge foncé, appliqués au pinceau sur le fond de terre cuite.

L'engobage par trempage dans l'argile blanche, qu'on grattait pour redessiner l'ornement sur le fond, semble n'avoir été pratiqué que dans la dernière période de l'art mycénien. A ce procédé se rattache le décor d'un vase en forme de cornet sur lequel est dessiné un poulpe et qui a été découvert à Camiros, dans l'île de Rhodes. On y constate le lustrage de l'engobe (Louvre).

Pour les vases à décor en relief, le décor était obtenu par modelage. Le Musée d'Athènes possède un grand vase fort remarquable découvert à Milo (fig. 2) et analogue à un grand vase à relief provenant de Thèbes, que conserve le Musée du Louvre. Sur le vase de Milo est représentée une déesse entre deux lions affrontés, motif analogue à celui de la porte des Lions de Mycènes, et sur la panse du vase sont figurés des animaux passants. L'usage du relief pour le décor des vases a persisté à Chypre. Le col des hydries cypriotes est souvent orné d'une petite figure de femme versant de l'eau, comme pour perpétuer une coutume hospitalière. Sur une amphore découverte à Mycènes est peinte une théorie de guerriers, d'aspect caricatural, témoignant cependant d'un effort de l'artisan pour adapter ce décor à la panse du vase.

D'ailleurs, c'est dans les îles voisines de la côte asiatique que paraît s'être élaboré un travail d'adaptation à l'art grec et plus particulièrement à la céramique grecque du décor floral égyptien qui se transformait en décor linéaire. Un plat rhodien, échancré en forme de bouclier, a son bord décoré de boutons et de feuilles de lotus dessinant l'ornement qu'on désigne sous le nom d'oves et que l'art hellénique a constamment traduit par la peinture et la sculpture (fig. 3). Si l'on veut chercher l'origine de ce décor, on le reconnaîtra sculpté sur les seuils des palais assyriens, notamment sur ceux du palais d'Assour-Banabal, ce qui permettrait de rapporter du viiie au viie siècle avant notre ère ces essais de la céramique grecque des îles. C'est d'ailleurs probablement à la même époque qu'appartiennent les grandes amphores trouvées à Ormidia et à Curion et sur lesquelles se développent, en expressions presque géométriques, des bandes d'animaux passants, alternant avec des spires et des ornements en forme de damier.

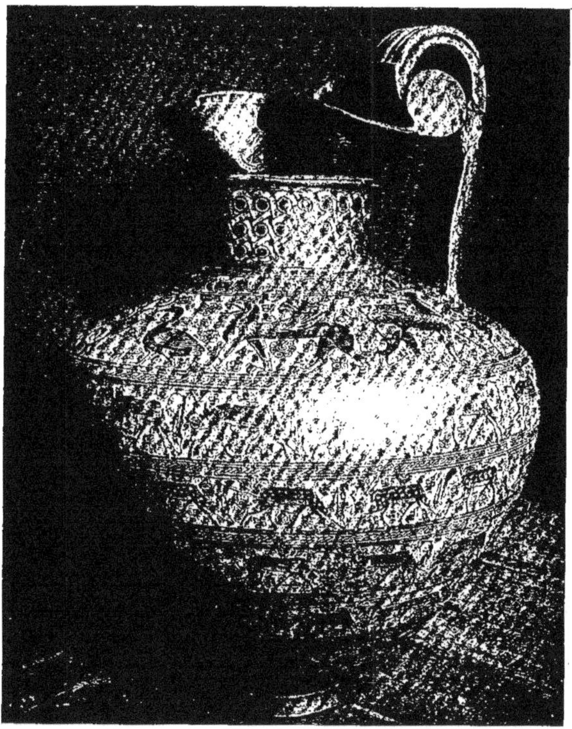

Fig. 4. — Œnochoé à décor incisé de style Rhodien. Musée du Louvre.

On appropriait aussi à ces vases des décorations empruntées à la figure humaine, et les ornements en relief, conservés pour les anses, se mariaient avec les ornements peints. Sur une amphore de Milo, recueillie au Musée d'Athènes, les anses du vase figurent les sourcils d'une tête humaine dont les yeux sont peints ; la panse est ornée de chars et de figures formant une zone entre des ornements de style géométrique. Les figures y sont largement traitées et se distinguent des figures schématiques des vases doriens. Le décor en est d'ailleurs surchargé.

Les lignes courbes semblent caractériser le décor ionien, tandis que les lignes droites, celles qui caractérisent les poteries primitives d'Athènes dites du Dipylon (parce que le quartier des potiers, où elles ont été découvertes, était voisin de la porte double), auraient été plus usitées dans l'art dorien. En fait, il semble que les deux modes de décor aient été employés concurremment et qu'en général, pour ces époques primitives, la décoration ait été souvent trop chargée de détails de toutes sortes.

L'incision servant à redessiner les contours ne paraît pas antérieure au viie siècle. Il semble que sur les vases ioniens les plus anciens, la décoration linéaire ou animale ait été appliquée au pinceau. Ainsi sont décorés une « œnochoé » ionienne et un vase ionien (porte-bouquets) du Musée d'Athènes.

On a décoré au moyen des mêmes méthodes et par bandes alternées de cygnes et de poissons un beau vase arrondi et un vase à couvercle (Musée d'Athènes). Ces décorations faites au pinceau étaient extrêmement libres ainsi qu'en témoignent les ornements d'une œnochoé ionienne trouvée à Rhodes et conservée au Louvre, ou encore ceux des œnochoés de style rhodien du même musée sur lesquelles sont très habilement dessinés des bouquetins, des antilopes, des chiens, etc.

Ces applications au pinceau donnaient évidemment quelque mollesse au décor et durent être améliorées, pour l'accentuation des formes, par l'emploi du trait incisé dont une œnochoé du Louvre nous montre un remarquable type (fig. 4). Ce paraît être encore une œuvre du viie siècle et elle correspondrait à une des plus belles périodes de la céramique dans les îles grecques. Elle est aussi l'une des dernières manifestations du décor oriental sur les poteries helléniques dont les thèmes se modifient et

dont les sujets, traités avec une excessive liberté, s'il s'agit des
figures, semblent appartenir en propre à l'art grec.

Du VIIIe au VIe siècle c'est Corinthe, très florissante sous les
Cypsélides, qui paraît être le grand centre de fabrication des
poteries à figures noires redessinées par un trait incisé dans la
terre après une première cuisson. Sur ces poteries le noir est

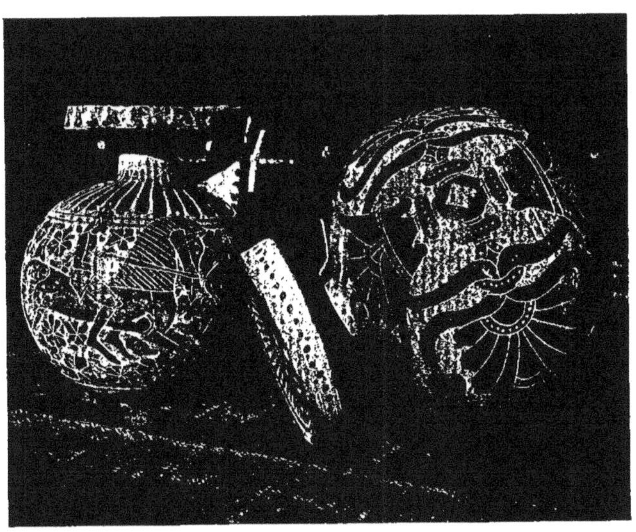

Fig. 5. — Aryballes (vases à parfums) de style corinthien. Musée du Louvre.

d'un beau ton lustré, qu'on a cru pouvoir attribuer au polissage
de l'engobe ou à une glaçure et dont l'invention semble
remonter à la dernière période de la civilisation mycénienne.
Le noir lustré ne couvre pas le trait incisé, sur lequel débor-
dent les retouches rouges et blanches, ce qui a permis de conclure à une double cuisson. Le blanc était employé pour distinguer les chairs des femmes de celles des hommes qui, par con-
vention, étaient d'un ton brun violacé. Le ton noir passe souvent au jaune à la cuisson.

3° Principes du décor des vases grecs.

Les thèmes décoratifs des vases grecs sont d'abord très simples. Ce sont des bandes colorées, laissant entre elles des zones d'abord unies, puis occupées tantôt par des ornements géométriques, lacis ou méandres, tantôt par des rosaces, tantôt par des animaux passants.

Ce sont les thèmes des étoffes orientales, de celles que portent les rois assyriens ou les archers représentés sur les bas-reliefs des palais ; ce sont les ornements sculptés sur les seuils de ces palais et figurant comme des tapis d'albâtre.

Le décor est d'ailleurs d'exécution libre : l'artiste ne s'est jamais astreint à une régularité que n'exige nullement la perfection artistique. Il se préoccupe avant tout d'adapter le décor à la forme du vase, évitant le chevauchement des ornements du col sur la panse, ou de la panse sur le pied.

La forme varie nécessairement avec la destination du vase. S'il s'agit d'une grande jarre « pithois » destinée à contenir des liquides ou des grains et dont le poids nécessitera l'intervention de plusieurs porteurs, les anses, comme on le voit sur le grand vase du Musée d'Athènes provenant de Milo, sont épaisses, n'ayant d'évidement que pour le passage des cordes destinées à suspendre le vase à des perches reposant des deux bouts sur les épaules des porteurs.

S'agit-il au contraire d'un vase destiné au service d'une table tel que le « cratère » où se faisait le mélange de l'eau et du vin, le pied est très évasé pour donner une assiette à ce grand vase sphérique dont l'usage est bien défini par une scène de banquet qui décore une « amphore » corinthienne du Musée du Louvre. On y voit des esclaves puisant dans le cratère la boisson préparée en se servant de fioles à une seule anse de forme élégante, très maniables, et dont le col évasé, parfois même muni d'un bec allongé, répond parfaitement à la destination.

Pendant toute la période qu'on peut appeler la période asiatique, parce que c'est dans les îles voisines de la côte d'Asie que se développe, sous l'influence orientale, l'art du potier, le décor des poteries varie peu. Elles sont le plus souvent engobées en plein, en vue d'unifier le ton de la terre ; les ornements sont

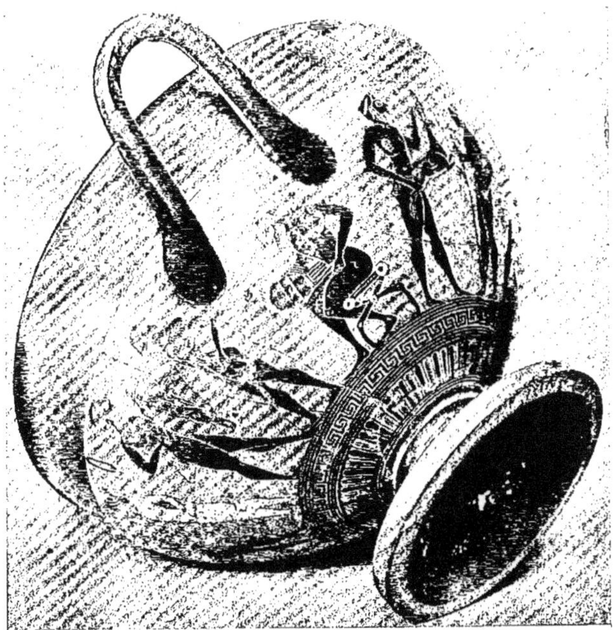

Fig. 6. — Coupe de style corinthien trouvée à Rhodes. Scènes de chasse et d'offrande. Musée du Louvre.

exécutés au pinceau à l'aide d'enduits terreux dont les matières colorantes sont les oxydes de fer et de manganèse : la cuisson fait varier le ton du rouge brique au brun foncé en passant par le violet et par l'orangé ; les tons blancs ou rosés sont dus à des engobes alumineux ou ocreux.

Dans la composition des pâtes qui est très variable, le silice varie de cinquante (poteries grecques) à quatre-vingt-dix pour cent (poteries égyptiennes), l'alumine y entre pour vingt ou vingt-cinq pour cent, la chaux n'y intervient qu'à raison de cinq pour cent, l'analyse y relève de petites quantités de magné-

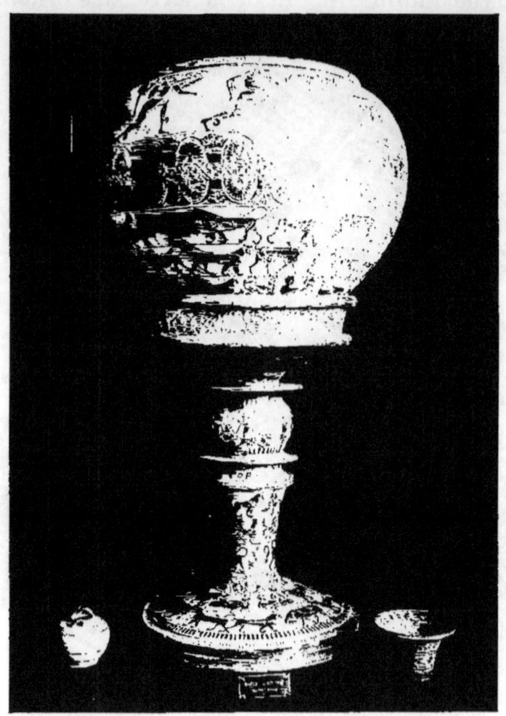

Fig. 7. — Dinos ou cratère à pied de style corinthien, formé de deux pièces.
Musée du Louvre.

sie, de fer, de manganèse et des traces de matière charbonneuse.

Le ton noir lustré paraît avoir été appliqué au pinceau sur les pièces séchées et engobées. Le trait incisé a été certainement fait sur la matière durcie par une première cuisson et l'hypothèse de Brongniart sur une fusion superficielle, pouvant résulter de l'addition de quantités infinitésimales de silicate de soude et de silicate de fer et de chaux ne paraît pas confirmée. Le rouge, le blanc et le violet étaient apposés par retouches sur le biscuit et le ton foncé réapparaît sous ces retouches lorsqu'elles s'écaillent.

La coloration du fond des belles poteries à figures noires du viiiᵉ et du viiᵉ siècle est généralement un jaune orangé lustré comme le noir, ce qui semble infirmer l'hypothèse d'une glaçure noire provenant d'une vitrification de la matière colorante. Le ton noir est seul lustré dans les poteries à figures claires.

La plus belle époque de la céramique grecque correspond à la prospérité de Corinthe au viiᵉ siècle et d'Athènes au viᵉ. Les vases corinthiens ne diffèrent que par la perfection du décor des poteries grecques des îles et jusqu'à la fin du viiᵉ siècle ce sont les thèmes orientaux, animaux passants, méandres, rosaces, qui constituent le fonds commun de la décoration. (Vase de style corinthien à animaux passants et rosaces du Musée d'Athènes. Aryballes de style corinthien (fig. 5) au Musée du Louvre. Vase à imbrications incisées du même Musée).

Cependant, dès cette époque apparaissent sur les vases des figures humaines, tracées à la manière des ombres chinoises, par leurs contours, que le céramiste remplissait d'un enduit terreux de ton foncé complétant par un trait incisé dans la terre l'indication des mouvements, que la projection des membres l'un sur l'autre laisserait inexpliqués.

M. Pottier, qui s'est occupé spécialement de cette question, a relevé un certain nombre d'erreurs des céramistes inversant, s'ils étaient inhabiles, les bras ou les jambes en cherchant à indiquer, pour rendre compte du mouvement, le passage d'un membre devant l'autre au moyen du trait incisé.

Quelquefois le vase est fermé. (Saucière de style corinthien au Musée d'Athènes. Panse décorée de l'œil mystique égyptien.) Dans ce cas on tournait isolément les deux calottes qu'on ajustait ensuite l'une sur l'autre. Les anses sont toujours des pièces rapportées.

Dès la fin du vii⁰ siècle les thèmes décoratifs du vase sont des sujets purement helléniques, empruntés le plus souvent aux

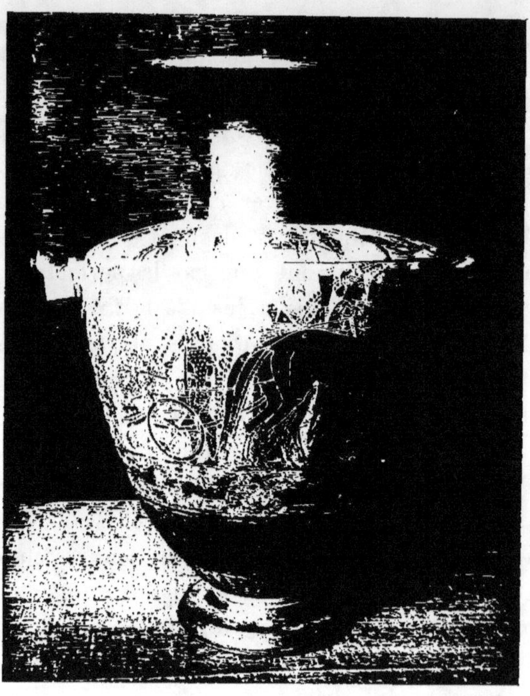

Fig. 8. — Hydrie de style attique représentant le triomphe d'Héraclès et d'Athéna.
Musée du Louvre.

légendes divines ou héroïques, aux exploits d'Héraclès ou de Thésée, à l'histoire de Persée et des Gorgones... Parfois aussi sont représentées des scènes familières.

Cette période très brillante de la céramique caractérisée par les vases dits à figures noires, est illustrée par les potiers athéniens, dont quelques noms sont parvenus jusqu'à nous parce qu'ils ont signé leurs œuvres : Clitias, Amasis, Exekias. L'usage des vases à figures noires a persisté en Attique jusqu'au commencement du ve siècle, et des maîtres tels que Nicosthénés, Andochidés, décorèrent leurs premiers ouvrages dans le style

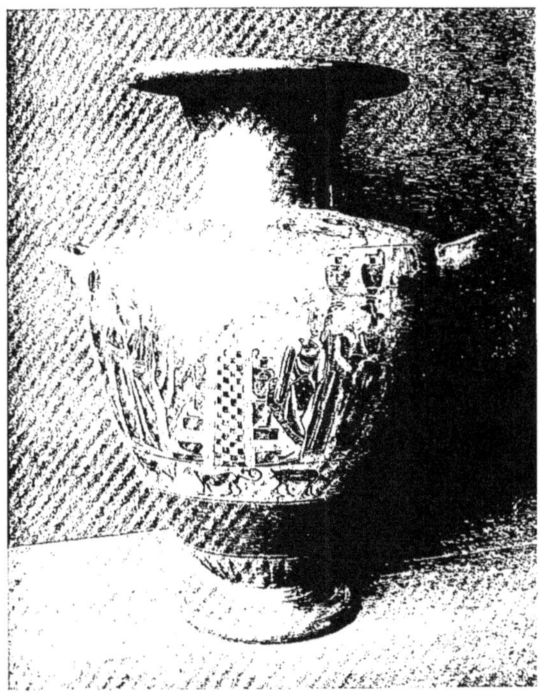

Fig. 9. — Hydrie attique. Athéniennes puisant de l'eau à la fontaine de Callirhoé.
Musée du Louvre.

corinthien, tandis que pour les derniers, croyant donner plus de finesse au dessin, ils réservaient le ton clair aux figures et le ton noir au fond.

Deux écoles rivales de céramistes luttaient pour chacun de ces deux modes de décor. Euthymides restait attaché à la tradition ancienne, tandis qu'Euphronios défendait le style nouveau. Il faut reconnaître d'ailleurs qu'en multipliant les détails dans leurs figures claires, les potiers attiques atténuaient le caractère de simplicité et de grandeur des ouvrages antérieurs.

C'est au moment où s'accusaient sur les vases corinthiens et les vases attiques les progrès du dessin, qu'on s'efforça de détailler les figures et les ornements en variant par des retouches les tons d'engobe, et c'est de ce moment que datent les conventions adoptées pour distinguer par la coloration blanche les chairs des femmes de celles des hommes. (Coupe de style corinthien trouvée à Rhodes (fig. 6) : scènes de chasse et d'offrande. Coupe de même style représentant un banquet funèbre, provenant de la Cyrénaïque. Amphores et coupes de style ionien. Musée du Louvre.)

Parmi les pièces les plus remarquables de style corinthien, on peut citer le « dinos » ou cratère à pied conservé au Louvre, et sur la panse duquel sont représentés Persée et les Gorgones (fig. 7). Un autre vase du Louvre, à figures noires sur fond rosé, et sur lequel est peint le banquet d'Héraclès et d'Eurythios, rend compte de l'usage du cratère.

Ce qui est vraiment admirable sur les hydries de style attique représentant les exploits d'Héraclès, c'est la sûreté du trait. Ici Héraclès est aux prises avec le lion de Némée ou avec le triple Géryon. Là est représenté le triomphe d'Héraclès et d'Athéna (fig. 8). Une des plus belles pièces de la collection du Louvre est l'hydrie sur laquelle sont figurées de jeunes Athéniennes puisant l'eau à la fontaine de Callirhoé (fig. 9). On y constatera l'observation consciencieuse de la nature qui donne un charme particulier à la composition. Le vase est couché lorsqu'il est porté à vide sur un coussinet, et levé lorsqu'il est plein d'eau et que son poids assure sa stabilité sur la tête.

Le vase de Nicosthénès, sur lequel est figuré le mariage mystique d'Athéna et d'Héraclès, avec tête modelée sur le goulot, peut caractériser toute une série de vases attiques, à figures noires aussi remarquables par la netteté du dessin que par

l'appropriation du décor, divisé par zones correspondant au
col, à la panse et au pied (fig. 10). L'œnochoé et l'hydrie pre-
naient à cette époque leurs formes définitives à bec allongé

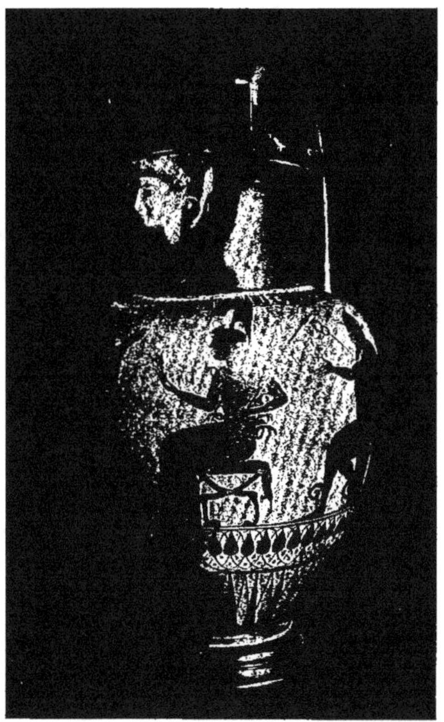

Fig. 10. — Vases avec figures modelées sur le goulot, représentant le mariage mystique
d'Athéna et d'Héraclès. Dernière série des vases à figures noires.
Musée du Louvre.

facilitant l'usage du vase suivant sa destination. (Vase du
Louvre. Énée et Anchise.)

A cette époque aussi appartiennent les beaux lécythes attiques,
ces vases allongés, de forme très élégante, qu'on employait pour
les libations dans les cérémonies funèbres et sur lesquels le
céramiste a dessiné, ici un soldat tenant son cheval par la bride,

là une femme puisant de l'eau, tandis que sur d'autres vases, le sujet est tiré de quelque légende divine ou héroïque (fig. 11).

Le décor change d'ailleurs avec la destination du vase. Ainsi les coupes destinées aux vainqueurs des courses de chars sont

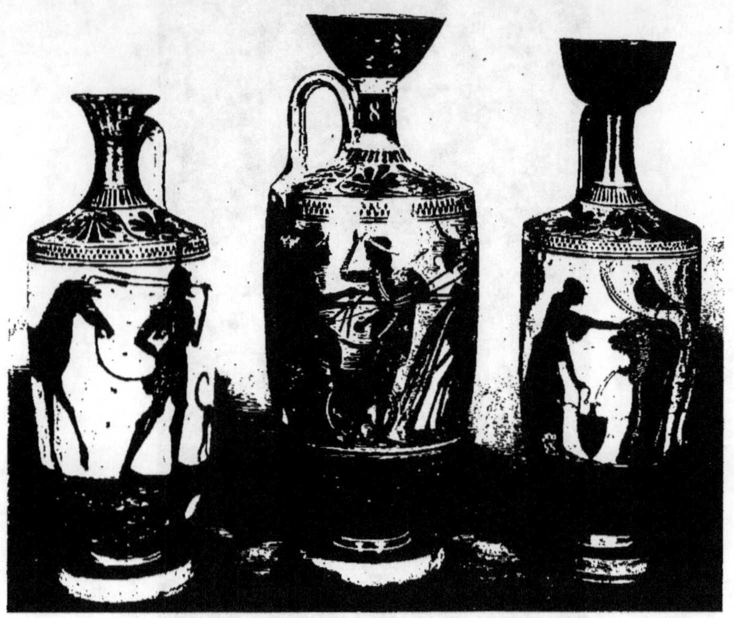

Fig. 11. — Lécythes attiques. Vases funéraires. Musée du Louvre.

décorées de scènes empruntées à ces courses. Si l'on veut apprécier le beau dessin des céramistes du vi^e siècle, il suffit de jeter les yeux sur les débris d'une coupe trouvée à Mycènes et sur laquelle sont représentés les chevaux lancés au galop et maintenus par l'aurige, debout sur le char, ayant les rênes en mains (Musée d'Athènes). Le même sujet est traité sur une coupe attique du ve siècle, conservée au Louvre (fig. 12).

Sur les lécythes blancs la composition est dessinée au pinceau

par un trait brun ou rouge, et la sûreté du trait témoigne de
l'extraordinaire habileté des peintres qui décoraient les vases.

Mais cette habileté même avait ses dangers ; le peintre oubliait
le métier du céramiste pour concentrer tout l'intérêt sur le dessin. Les interprétations simplifiées des figures noires ne lui
suffisaient plus ; de là l'idée d'inverser les couleurs, de réserver

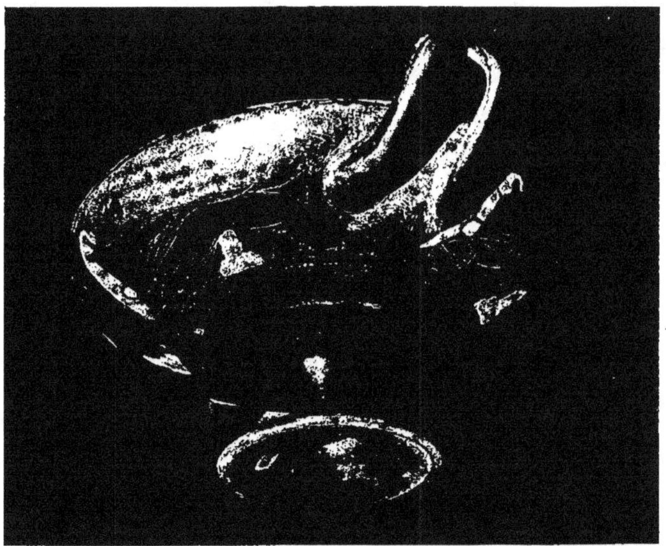

Fig. 12. — Coupe de style attique. Prix des courses de chars. Musée du Louvre.

le noir au fond afin de trouver plus de ressources dans le dessin
des figures claires.

Des coupes conservées au Louvre, celle dont le sujet est
Briséis et qui porte la signature de Brygos, celle encore où sont
représentés Thésée et Amphitrite (fig. 13), caractérisent bien
cette nouvelle forme décorative de la céramique grecque dont
le défaut capital est l'abandon des simplifications qu'exigent le
décor par engobes des poteries et la subordination de ce décor
à la forme du vase. Le peintre, qui se distingue dès lors du

céramiste, néglige ces questions essentielles, et le défaut de concordance entre la forme et le décor est très apparent sur les vases panathénaïques qui, en raison de leur destination, ont pour thème la légende d'Athéna. La composition s'applique mal

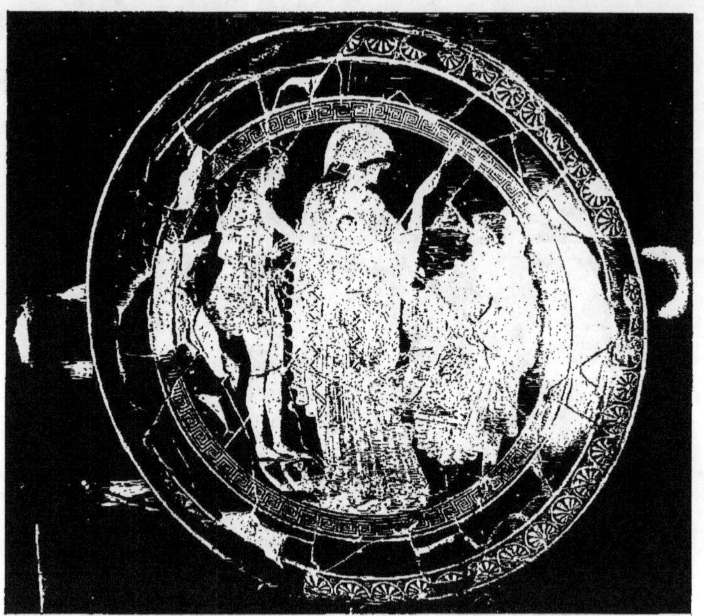

Fig. 13. — Thésée et Amphitrite Figures claires sur fond noir. Musée du Louvre.

et l'effet est confus. Les mêmes défauts sont à signaler sur le cratère d'Euphronios, conservé au Louvre, et vont s'accentuant jusqu'à l'époque gréco-romaine.

En Italie s'était formée une école particulière de céramistes, ceux qui employèrent la terre colorée en noir (bucchero nero) et qui semblent avoir, à l'origine, eu la pensée d'imiter à l'aide d'une terre extrêmement fine les formes et jusqu'à la patine de la vaisselle de bronze.

Ces formes sont très remarquables et on peut distinguer dans cette fabrication plusieurs époques. Les vases les plus anciens sont enrichis de cordons décorés au pouce, le col étant rattaché à la panse par des anses disposées en croix (fig. 14). Entre les cordons de terre, le céramiste a gravé au trait des animaux passants.

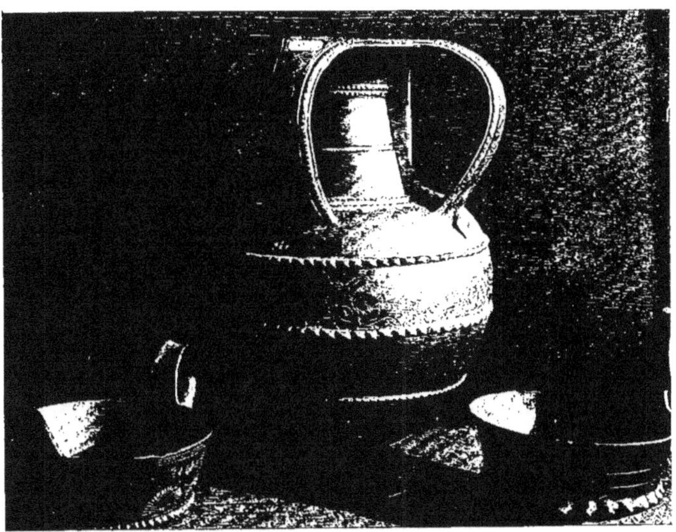

Fig. 14. — Vases étrusques en terre noire (Bucchero Nero).

Une autre série de vases, datant probablement du ve siècle, si l'on en juge par la forme en trèfle du bec surmontant le col, sont décorés de godrons, ou tirent simplement leur effet d'une silhouette très pure et très ferme.

Il semble que le progrès réalisé dans la fabrication par les Romains ait porté principalement sur la finesse de la terre et sur sa cuisson.

Les pièces moulées sont nombreuses et nos musées ont recueilli quelques-uns des moules de terre cuite qui permettaient de réaliser en creux dans la terre des finesses qu'il eût été impossible d'obtenir par un modelage en relief.

C'est la caractéristique du décor des plats et des vases en terre rouge lustrée ou vernissée, dite d'Arezzo, et qui, par importation dans la Gaule romaine, ont déterminé la formation d'ateliers similaires aux ateliers d'Italie, car on a retrouvé les mêmes produits dans toutes les fouilles faites en Bourgogne, en Champagne, en Aquitaine et en Provence. La terre plus fine et mieux cuite avait des qualités de dureté et d'imperméabilité qui font défaut aux poteries mates et tendres des Grecs. On croit pouvoir attribuer le vernis rouge des poteries romaines à la fusion sur la terre d'une véritable glaçure, due au mélange d'une terre ferrugineuse avec un verre de silicate de soude additionné d'alumine et de chaux en petites quantités. Cette glaçure était appliquée sur la pièce crue et la cuisson faite environ à 900°.

Ce qu'il faut retenir de la céramique grecque, pour la belle époque qui s'étend du viiie au ve siècle, c'est la pureté des formes et la belle adaptation qui leur est faite du décor ornemental ou de la figure. C'est aussi l'harmonie discrète qui tenait peut-être à la limitation des moyens du céramiste, ne disposant que de quatre ou cinq tons, mais qui a singulièrement contribué à la perfection des vases grecs. On sait par des expériences récentes que la multiplicité des couleurs de moufle fut peu favorable au décor des porcelaines.

II

EMPLOI DE LA TERRE CUITE DANS L'ARCHITECTURE

(Grèce, Étrurie.)

Pièces de revêtement, Chéneaux, Tuiles, Couvre-joints, Crêtes, Antéfixes.

L'emploi de la terre cuite n'a pas été limité dans l'antiquité aux objets usuels. Dans les civilisations primitives où l'on utilisait, pour la construction des murs, la terre séchée au soleil et le bois, la terre cuite pouvait, sous forme de briques montées par assises, de tuiles recouvrant les terrasses ou les combles, de plaques de revêtement, abriter et protéger le temple, le palais ou la maison. Les fouilles des palais de Mycènes et de Tirynthe ont donné quelques renseignements sur l'emploi du bois et de la terre dans leur construction. On peut croire que les temples primitifs étaient faits des mêmes matériaux.

D'ailleurs il n'est pas un sanctuaire ancien d'Ionie, de Grèce, d'Italie méridionale ou de Sicile dont l'exploration n'ait mis à découvert de nombreux fragments de pièces de recouvrement en céramique, tuiles, crêtes, faîtières, couvre-joints, antéfixes, chéneaux, revêtements de frontons, et il est surprenant que jusqu'ici personne n'ait songé à étudier et à classer ces témoins très précieux d'une époque qui, pour l'art grec archaïque, correspond à l'usage des constructions en bois.

Le bois appelle nécessairement, dans les pays montagneux, où les pluies sont abondantes, la protection de matériaux imperméables. Le mode de couverture le plus simple est celui du comble à double pente arrêté aux deux extrémités par des pignons. Ainsi semblent avoir été disposés les combles à double égout dont les tombeaux nous conservent l'image en Phrygie, en Lydie, en Lycie, en Asie Mineure, en Grèce, en Étrurie. Dans l'intérieur d'un tombeau étrusque sont figurés, au-dessus d'une salle funéraire, les quatre pans d'un comble apparent en forme de pavillon.

Les combles en appentis ou en pavillon des pays d'Extrême-Orient étaient aussi sûrement couverts en tuiles, comme sont couverts aujourd'hui encore les monuments du Népal, de la Chine ou du Japon.

Tantôt la tuile portait son recouvrement ; tantôt elle était indépendante, et sur ses bords relevés prenait appui un couvre-joint, formant une pièce isolée, qui recouvrait les tuiles contiguës ; les couvre-joints se recouvraient aussi et se terminaient, à la base du comble, par une autre pièce, généralement décorée, l'antéfixe.

De grandes tuiles analogues, trouvées dans les fouilles de Suse, devaient protéger les terrasses.

Plusieurs des tombes découvertes dans les nécropoles étrusques, notamment à Cœré, ont fait connaître un autre emploi de la terre cuite ; ce sont les revêtements faits en grandes plaques et sur lesquels sont représentées des scènes religieuses, généralement des scènes d'offrandes. Le procédé de décor est celui qu'on employait pour les poteries ; la peinture est réalisée à l'aide d'engobes, enlevant la figure en ton rougeâtre sur le ton clair de la terre. Le Musée Britannique et le Musée du Louvre ont recueilli quelques lits funéraires en terre cuite (tels que celui trouvé par Campana, à Cœré, vers 1850), comparables à ceux qui furent découverts dans les tombes de Lydie et d'Ionie.

Mais c'est surtout au revêtement des charpentes que furent

adaptées les différentes pièces, tuiles, couvre-joints, garnitures
de chéneaux, tympans des pignons. Ces pièces de revêtement
étaient renforcées par des nervures intérieures qui en empê-
chaient le gauchissement et dans lesquelles étaient évidés des
trous facilitant l'assemblage, à l'aide de chevilles ou de tringles,
des pièces contiguës. On les montait à peu près comme on
monte aujourd'hui les pièces d'un poêle en faïence.

C'est là une disposition qui appartient en propre à l'art grec
et, d'après les découvertes récentes, on est assuré que du viiie à
la fin du vi[e] siècle, l'emploi de la terre cuite pour la protection
des charpentes a été constant.

Il y a là un mode de couverture qui établit certains rapports
entre l'architecture grecque et celle que pratiquaient les peuples
de l'Asie centrale et de l'Extrême-Orient. Le procédé chaldéen
était tout autre ; la brique cuite y formait les assises revêtant les
murs en briques de terre crue, ou constituait pour des supports
de section circulaire, tels que ceux découverts en basse Chaldée
et en Susiane, des secteurs ou des anneaux de terre cuite estam-
pillée, superposés les uns aux autres. Le système employé en
Chaldée et en Perse s'appliquait surtout au revêtement des
murs ; celui qui fut pratiqué dans la Grèce ancienne s'adaptait
à la protection des charpentes de combles.

L'un des anciens monuments d'Olympie, l'Heraion, dont on
fait remonter la construction au viiie siècle, ne comprenait,
comme matériaux lapidaires, que des colonnes doriennes de
différents diamètres. On n'a trouvé dans les fouilles aucune trace
d'architrave, de frise, ni de corniche en pierre et on en a conclu
que la partie supérieure de la construction était entièrement en
bois.

D'ailleurs, si l'on considère le mode de construction d'un
temple ancien, tel que celui de Pœstum, on imagine aisément ce
que pouvait être cette partie supérieure de la construction réalisée en charpente avec des architraves de bois, des poutres

transversales portant les plafonds des galeries et une sablière recevant l'extrémité des chevrons sur lesquels se posaient les tuiles de la couverture.

M. Choisy a essayé de reconstituer par le dessin le temple étrusque en bois d'après les descriptions de Vitruve, et il a été conduit ainsi à la constitution aux extrémités de la toiture, d'un pignon triangulaire en pan de bois qu'il fallait bien revêtir, si l'on voulait éviter de laisser les bois exposés aux intempéries, et par suite à une destruction rapide.

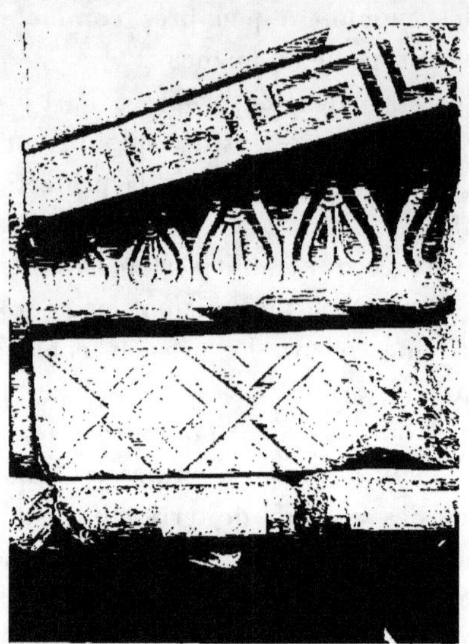

Fig. 15. — Fragment de fronton en terre cuite protégeant la charpente du trésor de Géla, à Olympie.

Or, les fouilles faites à Olympie ont mis au jour tout un revêtement de pignon en terre cuite qu'on a cru pouvoir rapporter à l'un des trésors des cités grecques, qui s'élevaient sur une terrasse contiguë à l'enceinte sacrée, au pied du mont Kronion, celui de Gela.

Ce pignon de terre cuite (fig. 15), prototype du fronton de pierre, est formé de grandes pièces qui suivent le rampant du pignon, se superposant à d'autres pièces prises dans la hauteur de l'entablement. Celles-ci recouvrent la saillie horizontale qui, sans cette protection, resterait exposée aux infiltrations d'eau (fig. 16).

La partie supérieure formant corniche rampante s'amincit aux angles ; elle représentait sans doute la trace du chevronnage sur le pignon ou fronton. A l'angle s'élève une sorte d'acrotère en terre cuite, qui arrêtait sans doute au droit du pignon l'extrémité d'un chéneau ; car cette pièce portait une gargouille, malheureusement mutilée, contre laquelle s'appuyait l'amorce d'un chéneau décoré de palmettes renversées, qui se prolongeait sur le long pan.

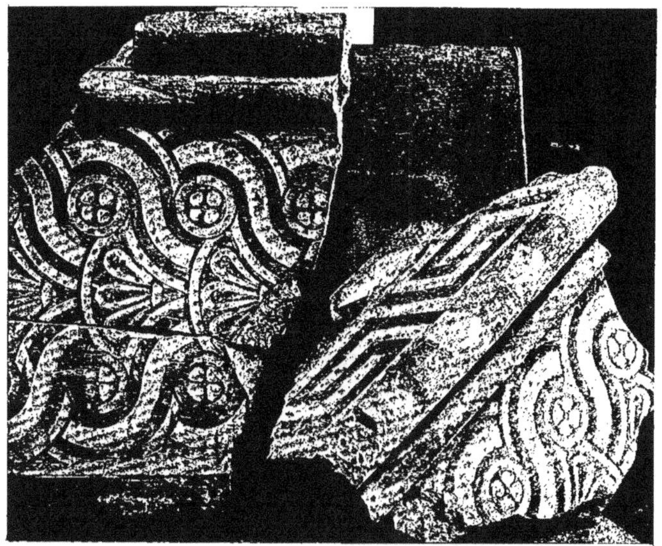

Fig. 16. — Pièce de terre cuite recouvrant l'entrait du pignon en charpente du trésor de Géla, à Olympie.

Sans doute, une telle combinaison de pièces de revêtement accrochées aux charpentes devait être peu durable, et on conçoit que les architectes aient été conduits, en adoptant la pierre pour les points d'appui isolés, à construire aussi en pierre les entablements qui les couronnaient et les pignons qui servaient d'appui aux toitures.

Mais l'usage des corniches et chéneaux en terre cuite continua en Attique, ainsi qu'en témoigne la découverte, faite dans

les fouilles de l'Acropole d'Athènes, de nombreux fragments de
pièces de terre cuite de style ionien, ayant même décor que les
vases.

L'un des plus anciens fragments, conservé au Musée de
l'Acropole, a la forme de gorge usitée en Égypte; il est décoré
par de grandes bandes verticales alternativement larges et
étroites, simulant des cannelures qui rappellent un peu celles
de la gorge égyptienne, et surmontant une tresse ionienne tracée

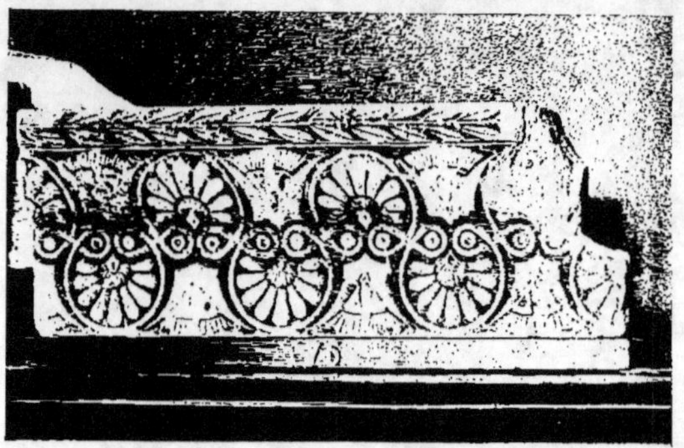

Fig. 17. — Chéneau de terre cuite à décor de palmettes et de fleurs de
papyrus alternées. Musée de l'Acropole d'Athènes.

au compas, suivant une division qu'attestent encore les points
de centre évidés dans la terre.

Une autre combinaison de chéneaux montre, sur une face à
profil galbé, une double rangée de palmettes réunies par des
entrelacs et couronnées par une bande de feuilles de laurier.

Un motif analogue de décor, mais beaucoup plus savant, comprend des palmettes alternées, et, entre elles, des fleurs ouvertes
de papyrus (fig. 17).

C'est donc toujours le fonds commun d'ornementation emprunté
à l'Égypte ou à l'Assyrie, et adapté aux formes nouvelles de
l'architecture grecque, que l'on retrouve à cette époque de l'architecture hellénique, qu'on pourrait appeler l'âge de la céra-

mique ; et si l'on veut fixer cette époque, on peut comparer les ornements du cratère corinthien conservé au Louvre, à ceux des chéneaux de terre cuite recueillis au Musée de l'Acropole. Ils sont absolument identiques.

On est conduit alors à se rappeler que la prospérité industrielle

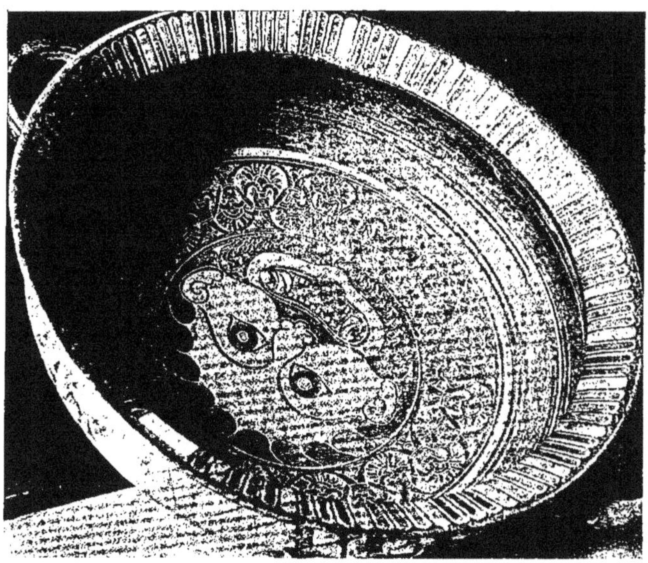

Fig. 18. — Coupe à décor de cannelures et de palmettes entrelacées, analogue au décor architectural. Musée d'Athènes.

et commerciale de Corinthe atteignait son apogée au vii⁰ siècle, sous le règne de Cypsélos et de son fils Périandre, et qu'après la ruine de la dynastie des Cypsélides, c'est la cité voisine, Athènes, qui, au vi⁰ siècle, mettait à profit les progrès réalisés dans la céramique par les Grecs d'Asie et par les Corinthiens. On était loin du décor rudimentaire des poteries primitives de l'attique dite « du Dipylon », et on pourrait dater du commencement du vi⁰ siècle, les beaux fragments de terre cuite provenant des temples construits sur l'Acropole d'Athènes, bien longtemps avant les guerres médiques. Peut-être est-ce au temps de Solon ou de Pisistrate qu'il faudrait faire remonter le revêtement en céramique ornée de ces temples anciens.

Ce qui paraît incontestable, c'est que l'Attique était encore, à cette époque, tributaire de l'art grec asiatique et que les thèmes décoratifs étaient ceux qui avaient cours en Ionie. Sur une coupe plate, dont la panse est à l'extérieur ornée de scènes de combats, que des Grecs livrent à des Asiatiques, figurent à l'intérieur des ornements tout à fait semblables à ceux des chéneaux de l'Acropole. Ce sont aussi des cannelures disposées sur les bords de la coupe et dans le fond une double rangée de palmettes alternées et de fleurs de papyrus entourant la tête de Méduse (fig. 18).

Ici, comme sur les poteries corinthiennes, c'est le décor redessiné par incision qui prévaut. L'influence orientale est d'ailleurs évidente sur certains plats de style corinthien conservés au Louvre, les uns décorés de palmettes, de fleurs de papyrus et d'entrelacs, les autres reproduisant dans le fond du plat le lion assyrien au-dessus d'une fleur de lotus, comme pour témoigner de la double influence qu'ont exercé les thèmes décoratifs de l'Égypte et de l'Assyrie sur l'art ionien.

Il ne faut pas oublier que les cités grecques d'Asie Mineure, Milet, Halicarnasse, Cnide, Clazomène, Phocée, étaient déjà en pleine prospérité à une époque où les villes de la Grèce continentale n'étaient encore que des bourgades. A leur tour, ces cités florissantes envoyaient leurs colons sur les côtes d'Italie et de Sicile. Ainsi se propagèrent durant plusieurs siècles ces thèmes asiatiques reproduits sur les céramiques, les uns pris dans la nature, le lion, le bouquetin, l'antilope, les autres créés par l'imagination orientale, la harpie, le sphinx, le griffon, et ce décor animal alternait par bandes avec les rosaces, les méandres, les tresses et autres combinaisons linéaires, déduites des ouvrages de vannerie ou des tissus.

Le Louvre a recueilli des sarcophages de terre cuite provenant

de Clazomène (fig. 19), et qui peuvent être attribués au viie siècle.
On y retrouve, dans un encadrement de palmettes et de fleurs
de papyrus alternées, la représentation de chars attelés formant
une sorte de frise au sommet du sarcophage, tandis que sur les

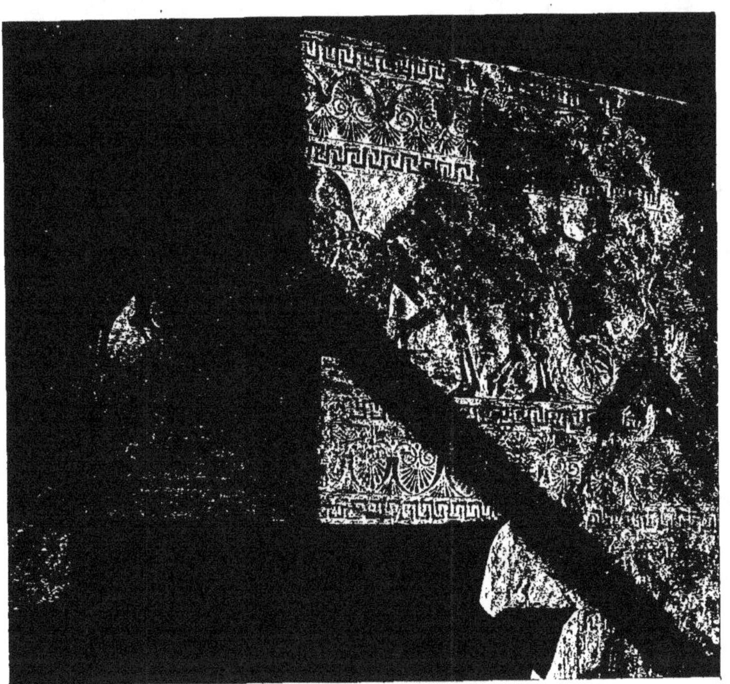

Fig. 19. — Partie haute d'un sarcophage de terre cuite trouvé à Clazomène
(viie siècle). Musée du Louvre.

parties latérales sont dessinés au pinceau des entrelacs et des
palmettes : l'ornement s'enlève en brun foncé sur le ton rosé de
la terre, le dessin au trait alternant avec le décor en figures noires.

Il est donc incontestable que, du viie au vi^e siècle, c'est-à-dire
pendant la plus belle période de la céramique grecque, l'architecte faisait usage de la terre cuite pour le revêtement des char-

pentes, et que le décor d'origine orientale s'appliquait aussi bien à une face de chéneau qu'à la panse d'un vase.

Les écoles qui se formaient dans les colonies avaient leurs caractères particuliers, bien qu'elles aient puisé aux mêmes

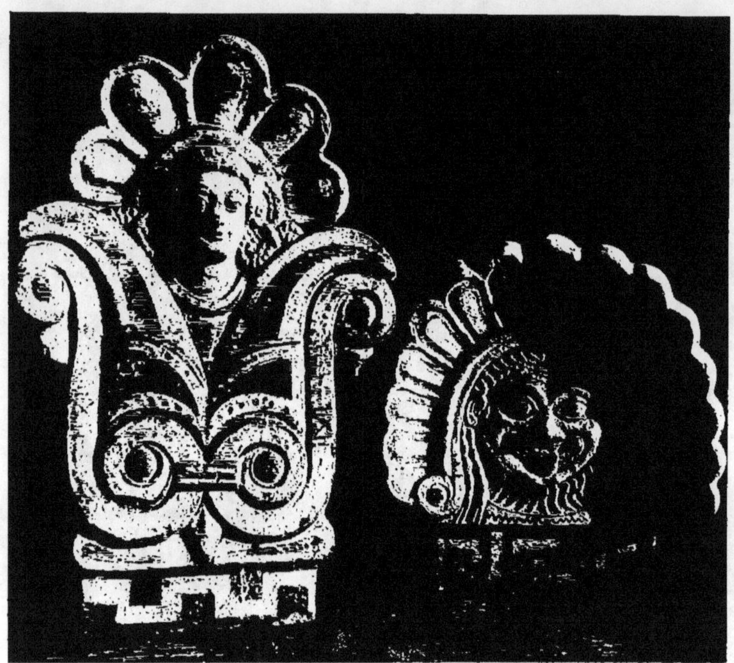

Fig. 20. — Antéfixes étrusques découvertes à Cœré (Cervétri). Musée du Louvre.

sources. C'est ainsi qu'en Étrurie, les antéfixes formant l'extrémité des couvre-joints des tuiles, notamment celles qui furent découvertes à Cœré (Cervetri), sont décorées de figures en relief (fig. 20), tandis que celles découvertes dans les fouilles de Delphes ou d'Eleusis ont pour décor la palmette appuyée sur un bouton de lotus renversé.

La persistance d'une décoration simple est très nettement accusée dans la céramique architecturale de la Grèce continentale du vi^e au ve siècle. On la constate sur les fragments de chéneaux de cette époque, mis à découvert par les fouilles d'Olympie. Le décor y est tantôt en noir, tantôt en clair, comme sur les vases.

Cependant les progrès constants de la sculpture devaient

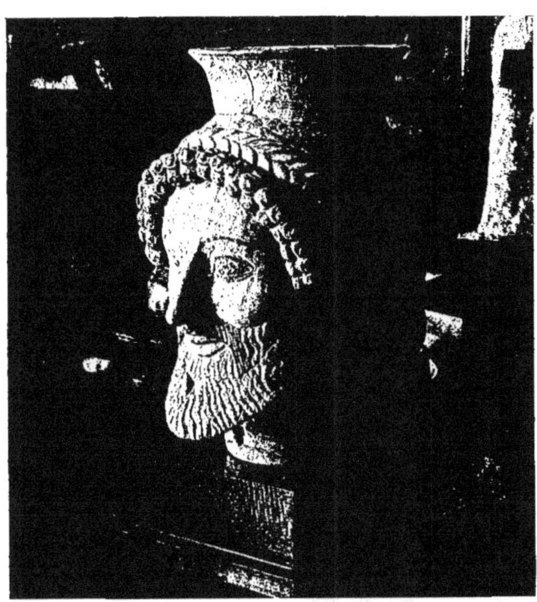

Fig. 21. — Rhyton (coupe à boire) en forme de tête humaine. Musée du Louvre.

orienter dès le ve siècle la céramique dans une voie nouvelle, en donnant une plus grande part au décor en relief.

Quelques pièces de céramique, dont la destination demeure inexpliquée, et qui ont la forme d'un demi-cylindre dont la partie supérieure est couverte d'imbrications, tandis que la partie inférieure est ornée d'une frise de figures noires, se terminent par une tête modelée de haut-relief d'un très beau caractère. (Musée d'Athènes et Musée du Louvre.)

C'est l'époque où la grande coupe à boire, le rhyton, prend la forme d'une tête humaine (fig. 21); la terre est d'un beau ton blanc rosé, et l'engobe appliquée au pinceau dessine en noir les sourcils, la paupière et la prunelle.

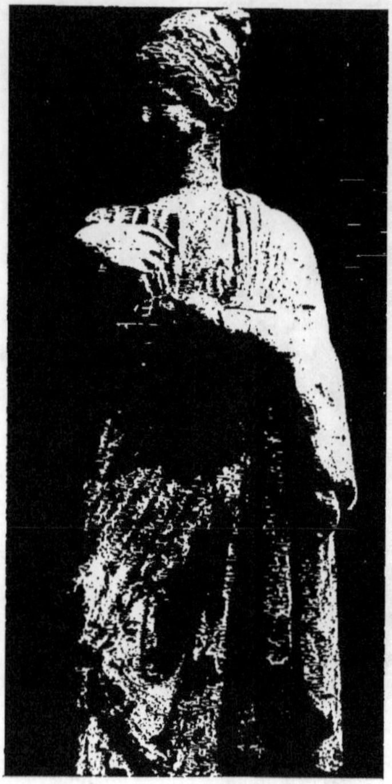

L'usage de la terre cuite pour la statuaire s'est développé surtout au ive et au iiie siècle, nous révélant par les charmantes figurines extraites des tombeaux, une société grecque tout à fait insoupçonnée; on peut étudier sur les jolies figures de femmes provenant des fouilles de Tanagra, en Béotie (fig. 22), ou de Myrina, en Asie Mineure, les élégances du costume, de la coiffure, qui accusent, dans la société grecque de cette époque, les progrès du luxe en même temps qu'une tendance à chercher, même pour ces objets de fabrication courante, le caractère juste du mouvement d'une figure, ou des plis d'une draperie.

Fig. 22. — Figurine en terre cuite provenant des fouilles de Tanagra (Béotie). Musée d'Athènes.

Que dire encore de ces statuettes représentant de petits amours ailés qu'on croirait créés dans quelque atelier français de la fin du xviiie siècle, et qui proviennent des tombeaux? C'étaient sans doute de menus objets chers aux défunts.

La polychromie de ces figures est très intéressante à connaître parce qu'elle accuse elle aussi une transformation complète du sentiment artistique en Grèce. Ce n'est plus par les engobes d'argile qu'on réalise la peinture des vases, c'est par des matières colorantes appliquées au pinceau et partant moins durables. On y emploie des tons rompus, le bleu, le vert, le rose et le violet; l'or vient aussi rehausser certains détails, et si l'œuvre est encore d'une harmonie exquise, elle se distingue complètement des œuvres du VIe et du Ve siècle, où le peintre se contentait des silhouettes noires pour accuser franchement, par le contour, les figures dont il décorait ses vases.

Ainsi l'art grec nous apparaît tout différent de ce qu'on l'imaginait au début du siècle dernier; on y voyait, à travers les commentaires de Vitruve, un art à formules, tandis qu'il faut y voir un art extrêmement libre, évoluant sans cesse pour répondre au goût changeant de la société hellénique. A cet égard, l'étude de la céramique grecque est essentiellement moderne et peut nous fournir plus d'un enseignement.

III

GLAÇURE ET ÉMAILLAGE DE LA TERRE DANS L'ANTIQUITÉ

(*Égypte*, *Chaldée*, *Assyrie*, *Perse*.)

Poteries et Céramique architecturale.

La vitrification artificielle de la terre pendant sa cuisson a été le point de départ d'un mode de décoration qui s'est développé dans les civilisations les plus anciennes, en Égypte et en Chaldée, et qui est tout à fait différent du décor par engobes des céramiques grecques.

Il y a lieu de définir d'abord le sens des mots employés actuellement pour désigner le décor brillant de la terre obtenu par la glaçure, l'émaillage ou le vernissage.

La « glaçure » désigne généralement une couverte transparente, sorte de verre que colorent des oxydes fondus avec un silicate alcalin.

L' « émaillage » caractérise de préférence l'emploi des émaux couvrants, à base d'acide stannique, sous lesquels disparaît le ton de la terre.

Par le mot « vernissage » il faut entendre surtout la couverte à base d'oxyde de plomb qui colore en jaune la terre blanche et en brun la terre rouge.

Dans l'antiquité, en Égypte et en Chaldée, les procédés les plus employés pour le décor de la terre ont été la glaçure et l'émaillage.

Les glaçures égyptiennes ont le plus souvent une belle coloration bleue tirant sur le vert si la glaçure est colorée par le cuivre, sur le bleu violacé si la coloration est due au cobalt.

Les terres employées étaient des terres siliceuses, grenues, peu plastiques, mais aptes à recevoir la glaçure ou l'émail. La cuisson à haute température en Égypte de ces terres siliceuses et la dureté des produits ainsi obtenus leur ont fait donner, comme nous l'avons dit, le nom de porcelaines, bien que leur composition soit tout à fait différente de celle des porcelaines modernes.

On exécutait ainsi en Égypte les milliers de petites figurines qu'on cachait dans les tombeaux pour assurer la seconde vie des défunts, au cas où leurs sépultures auraient été violées. Un trait noir violacé de manganèse, fixé par la cuisson, dessinait sur ces figurines à glaçure bleue ou verte les détails de la figure ou du costume, accompagnés d'inscriptions.

L'émaillage était sûrement pratiqué en même temps que la glaçure sous les dynasties Memphites ; car c'est l'émail blanc qui fournit la cornée de l'œil des statues les plus anciennes.

Il convient de remarquer que l'émail est un verre qu'on colore par les oxydes métalliques et qu'il a souvent été taillé pour garnir les cloisons des bijoux, ou moulé pour remplir des cavités pratiquées dans le bois, le métal ou la pierre, formant ainsi par insertion dans une matière différente un décor très délicat et en même temps très somptueux.

En Chaldée, il semble qu'on ait employé, comme en Égypte, les deux procédés de la glaçure et de l'émaillage. Sur une même pièce étaient insérés des émaux de colorations différentes et probablement aussi de retraits différents.

Mais la principale application de l'émaillage paraît avoir été la coloration superficielle des briques de revêtement qui, estampées dans des moules, suivant le sectionnement d'une ornementation en bas-relief, pouvaient être assemblées et montées par assises.

La terre en Chaldée est de qualité différente suivant qu'elle a été employée pour des pièces de terre cuite non émaillée ou pour des pièces moulées, destinées à recevoir l'émail.

La céramique architecturale a pris, dans l'Asie antérieure, une grande importance à cause du système de construction qui, faute de matériaux lapidaires, utilisait les briques crues protégées par des revêtements de briques cuites, et l'émaillage de ces briques de revêtement se prêtait à une décoration très brillante.

On peut distinguer en Orient trois époques différentes pour l'emploi de cette céramique émaillée.

Dans la première qui comprend les civilisations de l'antiquité, on emploie, en Chaldée, en Assyrie et en Susiane, les briques d'assises soit pour le revêtement des murs, soit pour la construction de piliers isolés, soit pour le montage par encorbellement de voûtes ovoïdales raccordées par des pendentifs ou des trompes avec le mur de soutien.

La seconde époque, qui s'étend des premiers siècles de l'ère chrétienne jusqu'au xve siècle, est caractérisée d'abord par les œuvres de la Perse Sassanide, puis par l'art musulman d'Asie (Perse, Turkestan et Inde), par l'art musulman d'Afrique (monuments de l'Égypte) et par l'art mauresque (Maghreb et Espagne). Le décor de revêtement est alors obtenu par mosaïque ou marqueterie de pièces émaillées, parfaitement emboîtées les unes dans les autres et adhérant au mur à l'aide du mortier de chaux. Les pièces d'assises sont réservées aux arcs et aux encorbellements en forme d'alvéoles, des voûtes. Les pièces moulées sont souvent décorées par des reliefs ; les émaux les plus employés sont : le bleu azuré, le bleu foncé, le jaune, le brun mordoré, le noir et le blanc. Quelquefois ces émaux ont des rehauts d'or. C'est durant cette période que sont imaginées les réductions de métal (argent ou cuivre) sur les couvertes, donnant à toute la surface des pièces ainsi émaillées des reflets mordorés.

A partir du xve siècle, se généralise dans l'art musulman de l'Asie (Perse et Asie Mineure), de l'Égypte (le Caire), de l'Afrique du Nord (Tunisie, Algérie et Maroc), l'emploi de carreaux émaillés de revêtements, formant, par leur assemblage, de grands dessins assimilables à ceux d'une tenture.

C'est le goût pour la coloration brillante qui semble avoir

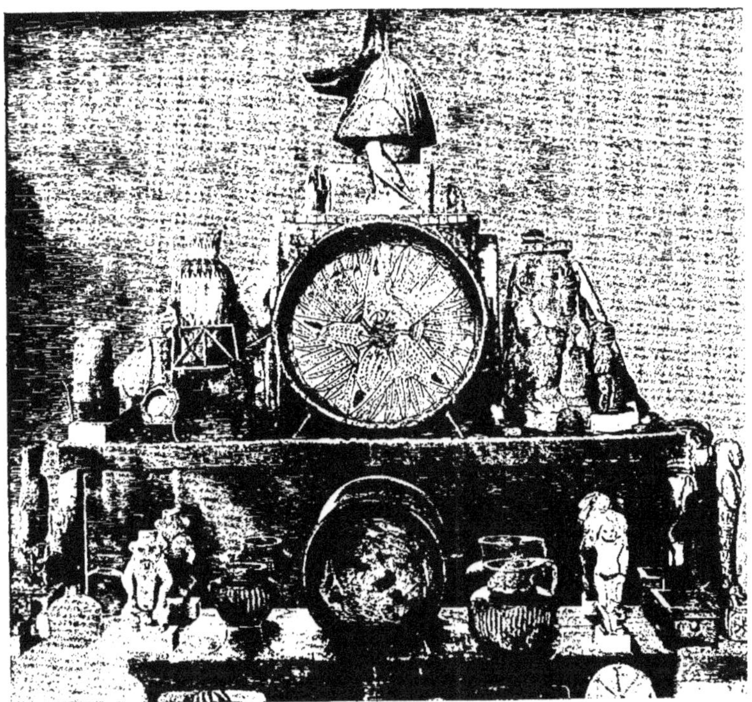

Fig. 23. — Plats à glaçure et autres pièces émaillées de céramique égyptienne. Musée du Louvre.

déterminé l'usage des glaçures en Égypte, plus encore que la nécessité de parer à la porosité de vases contenant des liquides, porosité qui pouvait aider au rafraîchissement de ces liquides par évaporation.

En effet, les vases trouvés en Égypte et particulièrement ceux qui proviennent des fouilles de la ville d'Aménophis IV, Tell-el-

Amarna, sont des poteries tendres et mates analogues aux poteries grecques. Celles qui ont reçu des émaux sont souvent faites de terre siliceuse, à glaçure de ton vert azuré ou de ton bleu. Tel ce beau plat creux du Louvre, à glaçure bleue, au fond duquel sont dessinés en noir des poissons nageant au milieu de plantes d'eau. Telle encore une autre coupe plate garnie à l'intérieur de feuilles de lotus disposées pour former un décor rayonnant (Louvre). Sur une autre coupe, ce sont des fleurs de papyrus divisées en quatre groupes et rattachées à un motif central qui ornent le fond (fig. 23).

Un bas-relief égyptien du Musée de Florence nous montre toutes les opérations d'un atelier de céramique. On y voit le marchage et le battage de la terre, le tournage d'un vase, le modelage à la main de petites pièces, le moulage, l'exécution par le peintre du décor d'un vase à long col et on constate que les procédés actuels sont presque aussi anciens que l'homme lui-même.

Le British Museum conserve un certain nombre de vases sphériques à glaçure, dont la forme a été reproduite en Phénicie et dans les îles qui, comme celle de Rhodes, ont reçu les leçons des potiers égyptiens ou phéniciens.

Quelques-uns de ces vases trouvés à Camiros sont tout à fait assimilables aux vases égyptiens.

D'ailleurs le décor ornemental des vases en Égypte est presque toujours un décor floral, occupant le pied du vase par des rangées de feuilles aiguës d'où émerge la panse.

La religion égyptienne avait développé la fabrication des figurines funéraires à l'effigie du défunt et aussi celle des amulettes (têtes de chacal, scarabées, œils mystiques) qui devaient protéger les morts dans leurs pérégrinations souterraines.

Le verre à l'état d'émail fournissait les yeux et les sourcils des statuettes de bois (fig. 24), de pierre ou de métal et il était constamment employé pour ces merveilleux objets de toilette que les tombeaux nous ont rendus presque intacts, grâce au climat conservateur de l'Égypte.

Les ornements d'architecture recueillis en grand nombre indiquent bien aussi l'emploi qui y fut fait des pièces émaillées.

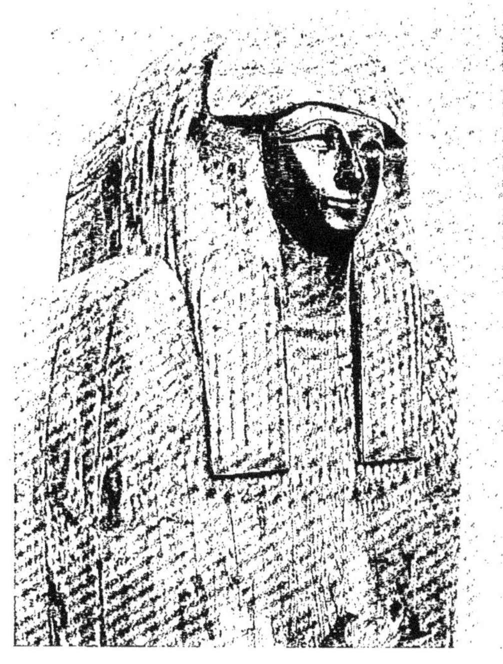

Fig. 24. — Sourcils et yeux d'émail sur la figure d'un sarcophage de bois égyptien. Musée du Louvre.

Des pétales d'émail dessinaient sur les parements les fleurs du lotus, laissant subsister entre elles de minces cloisons de pierre. Si la pièce était de petite dimension, c'est l'émail opaque ou la terre siliceuse qui formait la cloison. Parfois le trait incisé a limité sur une même pièce les contours des ornements, facilitant ainsi la juxtaposition d'émaux différents que la cuisson n'a pas mélangés.

Ce procédé d'incrustement des pâtes vitreuses en différentes matières a eu, dans l'orfèvrerie et la joaillerie égyptiennes, de multiples applications. On divisait la surface du bijou, pectoral ou bracelet, par de hautes cloisons de métal destinées à recevoir l'émail qu'on taillait comme une gemme et les magnifiques bijoux

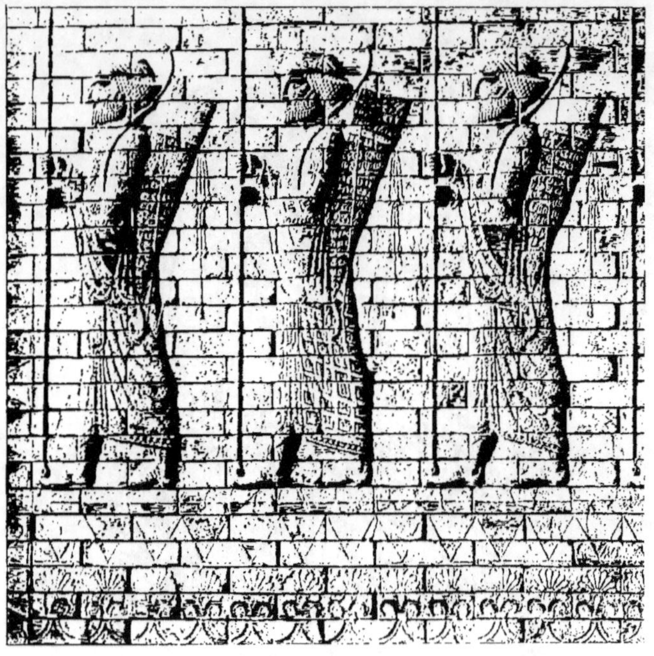

Fig. 25. — Frise des Archers du palais de Darius, à Suse.
Pièces moulées et émaillées avec colombins isolant les émaux. Musée du Louvre.

recueillis dans les tombes royales de Thèbes, ou plus récemment dans les fouilles de M. de Morgan, à Dashour, montrent assez à quel degré de perfection était parvenu l'emploi du cloisonné.

Tous les procédés de la glaçure et de l'émaillage ont été développés dans l'ancienne Chaldée où la brique quadrangulaire se prêtait pour la construction des murs et de voûtes à de multiples combinaisons.

Les pièces émaillées recueillies dans les fouilles de Nimroud ou de Khorsabad [1], et qui sont conservées soit au Louvre, soit au British Museum, nous ont renseigné sur l'emploi d'émaux

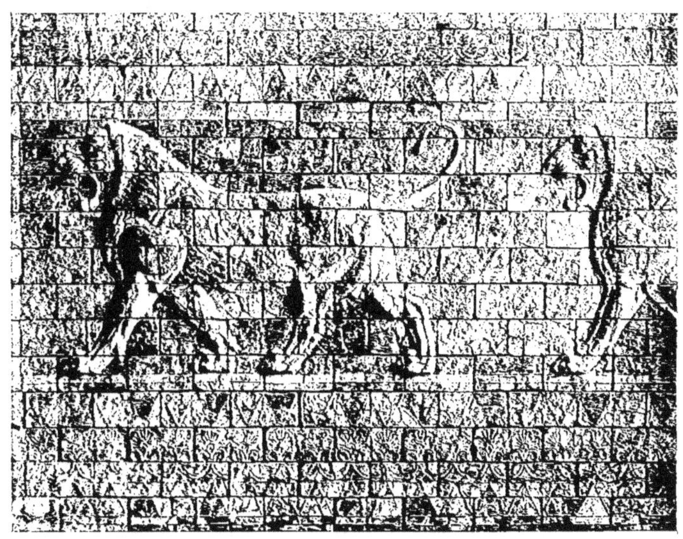

Fig. 26. — Frise des Lions du palais d'Artaxerxès Mnémon, à Suse.
Musculature accusée par le cloisonnement des émaux, Musée du Louvre.

terreux juxtaposés, tels qu'on les voit garnissant des rosaces à pétales blancs sur fond gris violacé. Les émaux blancs, noirs et jaunes alternent sur de grandes pièces à décor de palmettes et de boutons de lotus encadrés de tresse, découvertes dans les mêmes fouilles et qui enrichissaient sans doute les arcs d'entrée des palais. Dans toute la région qui s'étend de la vallée de l'Euphrate à la vallée de l'Indus, on a trouvé en abondance des débris de ces pièces émaillées dont les magnifiques applications

1. On a trouvé dans les fouilles de Khorsabad des manches de poignards, à têtes de lions ou à têtes de démons grimaçants revêtues de glaçures bleues (Louvre).

au revêtement des murailles nous ont été révélées par les fouilles de Suse.

Au temps de Darius Ier, la Susiane dépendait de la Perse et les entrées des palais persans étaient précédées de génies ailés, comparables à ceux qui gardaient l'entrée des palais assyriens. Mais tandis qu'à Khorsabad, ces génies étaient sculptés dans l'albâtre, à Suse ils étaient faits en terre, estampée dans des moules dont l'empreinte est encore visible sur le contour des briques. Le bas-relief, une fois modelé, était divisé, par tranches horizontales et verticales, en pièces correspondant à ces moules dans lesquels la terre était pressée. L'imperfection du moulage est accusée par les bords irréguliers et le défaut d'adhérence des saillies décoratives au fond.

Le taureau ailé et le griffon, remontés au Louvre, sont en terre cuite. La terre est une argile sableuse qui paraît avoir été mélangée de paille pour prolonger sans doute l'effet de la cuisson jusqu'à l'intérieur des pièces. D'autres fragments des mêmes motifs d'animaux étaient émaillés.

Le procédé impliquait en effet la répétition des motifs et c'est ainsi qu'ont pu être constituées ces frises d'archers (fig. 25) ou d'animaux passants qui décoraient l'entrée des palais ou des salles de réception.

Au temps d'Artaxerxès Mnémon, à l'époque où fut exécutée l'admirable frise de lions (fig. 26), reconstituée par M. Dieulafoy au Musée du Louvre, la terre employée est une sorte de mortier siliceux, avec grains apparents de quartz hyalin. Cette pâte céramique, mieux dégraissée que l'argile, se déformait moins au feu, et s'émaillait mieux ; mais, manquant de plasticité, elle se désagrégeait facilement.

Pour empêcher le mélange des émaux, on avait eu l'idée de les sertir par des cordons de terre saillants formant cloisons : ces cloisons servaient à accentuer les contours, accusant aussi la structure anatomique du fauve ou le costume des archers. En variant les émaux on évitait la monotonie qui eût résulté de la répétition des motifs et la couleur aidait à la variété de l'effet pour des ouvrages de même forme.

La construction par encorbellement des voûtes de briques telle qu'on la trouve en Perse aux palais de Firouz Abad et de Sarvistan, se prêtait aussi aux revêtements de céramique émaillée

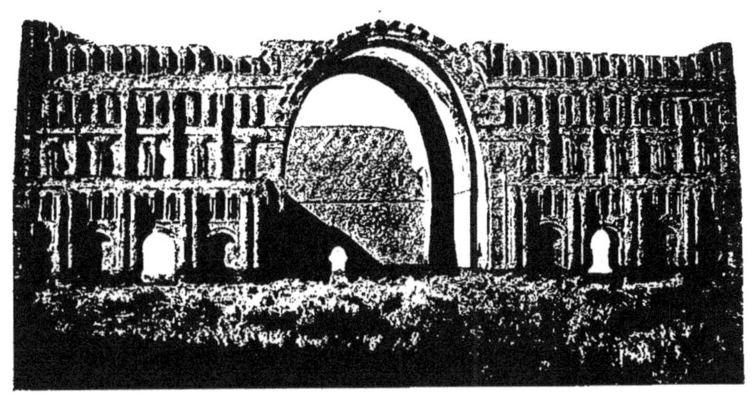
Fig. 27. — Façade principale du palais Parthe de Ctésiphon.

et si jusqu'à présent aucune pièce de ces revêtements ne nous est parvenue, on sait au moins que la céramique émaillée s'est maintenue dans l'Empire Parthe et dans l'ancienne Bactriane pendant toute la durée de l'Empire romain, que la Perse musulmane en hérita et qu'on construisait encore, d'après les mêmes principes au début du xve siècle, le tombeau de Tamerlan à Samarkand en le revêtant d'émaux blancs et bleus qui brillent au soleil comme des pierreries.

L'emploi de briques moulées facilitait la réalisation de piliers isolés, formant des groupes de colonnes ou de piles adossées de section circulaire. Les briques étaient des pièces en forme de coins, rayonnant autour d'un noyau, et combinées avec d'autres pièces qui formaient anneau sur la circonférence et enveloppaient les premières (fouilles de M. de Sarzec, en basse Chaldée, fouilles de M. de Morgan, à Suse). Les ruines du palais Persan de Sarvistan font connaître l'emploi de ces colonnes adossées qui soutenaient les voûtes de niches latérales dans une grande salle.

L'exécution de colonnes en briques a été l'origine d'ordonnances d'applique contribuant à la décoration des façades de grands palais tels que le palais Parthe de Ctésiphon (fig. 27), dont la salle principale, couverte par un grand berceau ovoïdal de briques, s'ouvre par une immense baie sur une façade dont les murs, à droite et à gauche de la porte, ont l'office de grands contreforts de butée. Ces murs sont renforcés par deux étages de colonnes d'applique, doubles dans l'étage inférieur, simples dans l'étage supérieur, entre lesquelles sont disposées à chaque étage deux rangées d'arcades ou d'arcatures reposant sur des colonnettes. Un dernier étage d'arcatures continues couronnait les murs de façade et la grande baie était encadrée par une archivolte enrichie de petites niches sphériques.

C'est un parti décoratif analogue à celui qu'adoptèrent nos architectes au xiie siècle pour décorer les murs des absides, dans la hauteur des voûtes en cul-de-four.

Bien qu'aucun voyageur n'ait signalé à Ctésiphon des revêtements de terre émaillée, on peut croire que la tradition n'en était pas interrompue. Car l'architecture musulmane de la Perse et du Turkestan nous offre de nombreux exemples de grands édifices religieux ou civils dont l'entrée est accusée, comme cela a lieu au palais de Ctésiphon, par une immense ouverture appuyée sur des murs latéraux formant contreforts et divisés en plusieurs étages d'arcades, comme on le voit par exemple à la mosquée du Chah de Simnan, sur la route de Téhéran au Khoraçan. Or ces édifices persans sont entièrement revêtus de briques émaillées, formant, sur les façades, des compartiments décoratifs du plus bel effet ; ils appartiennent à cette seconde époque du décor céramique en Perse qui correspond à l'emploi des pièces de terre cuite assemblées, formant en quelque sorte marqueterie ou mosaïque, et dont les joints d'assemblage accusent les contours du dessin.

IV

CÉRAMIQUE ORIENTALE AU MOYEN AGE

(Perse [1], Turkestan, Inde.)

Application à l'architecture. Pièces moulées et émaillées
formant mosaïque de revêtement.

La Perse paraît avoir recueilli et développé les traditions des
émailleurs de la Chaldée, de l'Assyrie et de la Susiane. Nous
connaissons mal, actuellement, l'art persan, pour la période
qui va de la fin de l'empire des Achéménides, c'est-à-dire du
ive siècle avant notre ère, jusqu'à la dynastie musulmane des
Seldjoucides, au commencement du xie siècle. Si les victoires
d'Alexandre eurent pour résultat d'étendre jusqu'à l'Indus l'influence de l'art grec, cette influence ne fut que momentanée et
on peut constater, en étudiant les ruines du palais de Ctésiphon
que, sous les rois Parthes, et plus tard sous les rois Sassanides,
jusqu'au viie siècle de notre ère, continuait l'évolution d'un art
étranger à l'art grec, pratiquant toujours les méthodes de construction en petits matériaux façonnés, revêtus ou non d'émail.

Le principe de la construction est l'encorbellement : c'est lui
qui détermine la forme à donner aux voûtes ovoïdales qui surmontent les murs circulaires des tombeaux ou des grandes salles
des mosquées. Les anciens palais persans antérieurs ou non à
l'ère chrétienne, tels que celui de Sarvistan, étaient déjà conçus
sur ces données, et on y voit apparaître différents systèmes de

1. Les renseignements et documents sur l'art de la Perse ont été gracieuse-
ment communiqués à l'auteur par le prince Abdollah-Mirza.

raccordements par trompes ou par pendentifs du plan carré des murs au plan circulaire de la coupole.

Faute de renseignements précis sur la chronologie des œuvres, on a rattaché à l'art musulman des ouvrages de caractères très différents. L'art arabe ne s'est développé que tardivement et

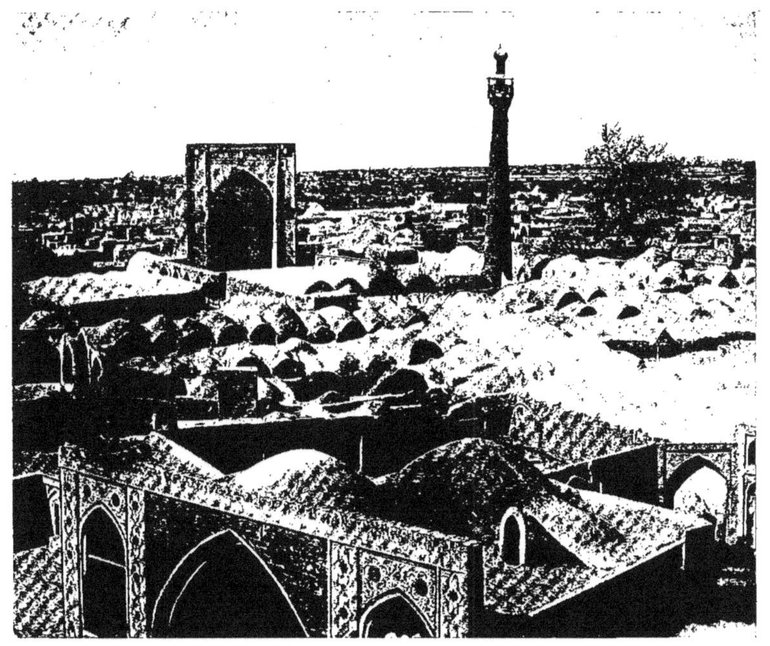

Fig. 28. — Mosquée djameh, à Simnam (Perse).
Sanctuaire et Minaret décorés par assises de terre cuite.

sous l'influence de l'art persan. Au temps des conquêtes de Mahomet et de ses successeurs, ce sont les églises byzantines qui ont fourni les matériaux de construction et de décor des premières mosquées. (Mosquées de Saint-Jean à Damas, d'Amrou au Caire, de Kairouan en Tunisie.)

Si la mosquée de Touloun, au Caire, accuse des caractères particuliers dans le tracé des arcs et dans la décoration des murs, ces caractères sont ceux de l'architecture persane. La brique apparente était employée en Perse bien avant la conquête musulmane, mais il semble que la décoration par la figure humaine ou la faune de bas-reliefs de terre cuite, enrichie d'émaux, ait été abandonnée, après la dissolution de l'empire Achéménide, pour une décoration géométrique et florale qui fait le fond de l'art oriental et que s'appropria l'art musulman.

Une des formes particulières de la céramique persane, c'est la mosaïque de petits éléments, qui d'abord font corps avec la construction. Cette mosaïque de terre cuite se développe sur les minarets comme sur les murs et les voûtes des anciennes mosquées, et les villes saintes de Mesched et de Koum s'accusent au loin par les silhouettes lumineuses de ces minarets et de ces voûtes en coupoles, dont le couronnement conique est la conséquence logique de la construction en encorbellement faite par lits horizontaux de briques.

La voûte, de brique crue ou de brique cuite, a été d'usage constant en Perse, et des vues prises à vol d'oiseau sur les villes de Saraghse, de Simnam ou de Bastam en rendent parfaitement compte.

Sur le minaret de la mosquée djameh de Simnam, haute tour tronconique aboutissant au balcon en encorbellement d'où tombait l'appel à la prière, la brique émaillée forme une série de dessins géométriques (fig. 28). La voûte du sanctuaire offre un exemple très simple de raccordement d'une voûte octogonale avec un plan carré. Le minaret de Bastam, voisin du tombeau du Chah Khodabandé, est orné aussi de dessins dus à l'appareil des briques (fig. 29).

Parmi les monuments les plus anciens qui caractérisent l'emploi de la brique émaillée comme assise de la construction, on peut citer plusieurs tombeaux, et entre autres, à Bastam, celui dit des Quarante Vierges (fig. 30), voisin de la mosquée de Thari-Khanée. Le mur circulaire extérieur est renforcé de contreforts prismatiques, que couronnent des ornements de terre

cuite, rétablissant, par des arcatures en forme d'alvéoles, la base
circulaire d'une coupole, élevée par assises horizontales, et dont
le revêtement de briques émaillées a disparu. Des dispositions
du même genre avaient été adoptées pour d'autres tombeaux
anciens qui subsistent dans la ville de Damovend. Ce sont encore

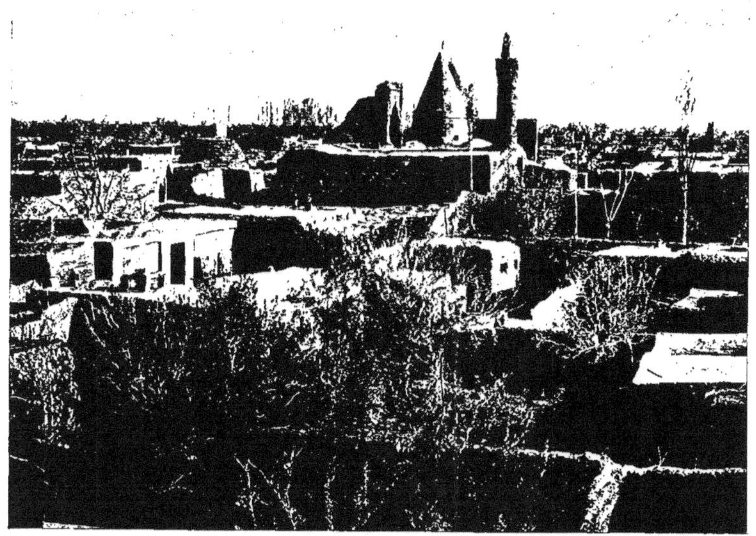

Fig. 29. — Tombeau du chah Khodabandé, à Bastam (Perse). Voûte conique.

des contreforts prismatiques qui renforcent le mur circulaire de
l'un d'eux, dont la voûte est conique. Sur un autre monument,
les contreforts sont raccordés par des arcs se recoupant, au-
dessus desquels s'élève le mur circulaire servant d'appui à une
voûte qui est aussi conique. Il ne semble pas que ce dernier
monument funéraire puisse être antérieur au XIIe ou au XIIIe siècle.

Un autre tombeau de dimension colossale, conservé à Râdekan
(fig. 31), près de Mesched, et qu'on prétend être un tombeau de
Guèbre (adorateur du feu, sectateur de Zoroastre), est aussi tracé
sur un plan circulaire et a sa paroi extérieure renforcée par des

colonnes de briques sur lesquelles s'appuient des arcatures trilo-
bées : elles soutiennent une frise circulaire, décorée de versets
du Coran en langue kouffi ou arabe. L'œuvre serait contempo-

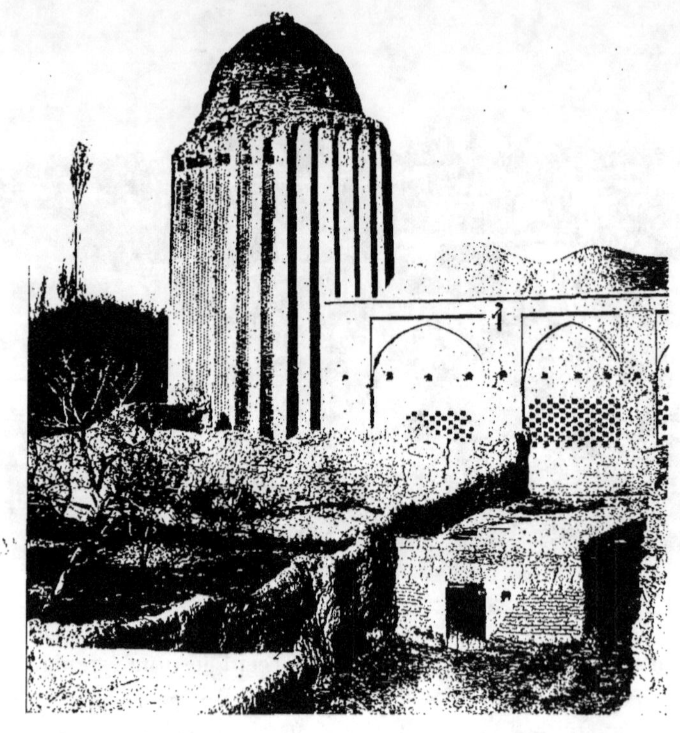

Fig. 30. — Tombeau dit des Quarante Vierges, à Bastam (Perse).
Contreforts prismatiques d'une tour cylindrique couverte en coupole.

raine des premiers souverains Seldjoucides ; mais la chronologie
de ces œuvres intéressantes demeure incertaine actuellement.

Les colonnes sont formées de briques groupées horizonta-
lement et verticalement à espacements réguliers pour former
une décoration continue. C'est un spécimen d'une combinaison

simple de mosaïque de briques faisant corps avec la construction. Les colonnes s'amortissent sur un soubassement de briques en partie désagrégé. La voûte est encore une voûte conique en encorbellement.

Un monument simi- laire, mais mieux con- servé, est le tombeau du fils du sultan Gha- bousse à Heza-Djerib, près d'Aster-Abad. Il ne comporte d'autre décoration que celle d'un entablement for- mé de pièces de terre cuite faisant corps avec le mur et dessinant une frise ornée d'inscrip- tions en relief et une corniche à décor liné- aire et floral. La voûte conique a conservé son revêtement.

Ces tombeaux de dimension exception- nelle étaient, en géné- ral, des sépultures de princes, d'imams (doc- teurs réputés par leurs

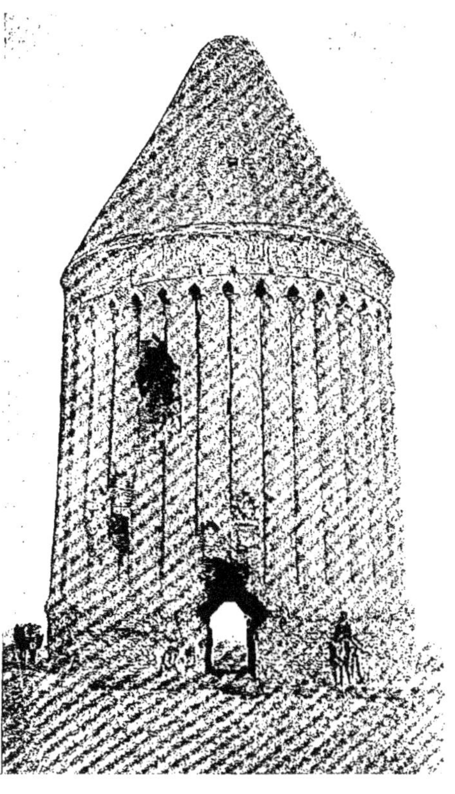

Fig. 31. — Tombeau cylindrique à couverture conique en brique, à Râdckan, près de Mesched (Perse).

vertus comme les chefs de la religion) ou de fils d'imams (imamzadés). Leur grande élévation témoignait en quelque sorte de l'importance du personnage enseveli.

Il semble que la forme de ces tombeaux, à toiture conique, se soit modifiée du xiiie au xive siècle sous les Khans Mogols et

que le tombeau soit désormais, comme la mosquée, couvert par
une coupole de forme bulbeuse terminée par un cône. On voit à
Sari, dans le Mazenderan, un tombeau octogonal, renforcé aux
angles par des contreforts prismatiques et dont le décor est dû
tout entier à des combinaisons de briques.

Mais le tombeau édifié à Ghadam-Gah, à proximité d'une
source miraculeuse, à l'ombre des grands arbres, avec sa voûte
en coupole élevée sur un tambour cylindrique et complètement
revêtue de la base au sommet par des briques émaillées, caractérise l'évolution de l'architecture persane du xiiie au xive siècle
(fig. 32).

Le temple persan se distingue du temple arabe en ce que le
sanctuaire n'est pas précédé de galeries formant, comme à
Kairouan ou à Cordoue, de vastes abris pour les fidèles et
disposés autour d'une cour au centre de laquelle est la fontaine
des ablutions. Le sanctuaire du temple persan s'ouvre sur la
cour : il est au fond d'une immense niche abritant le « mehrab »
avec la chaire « menber », et dont l'arc d'entrée forme une sorte
d'arc de triomphe, sous lequel brûlent les lampes sacrées.

Près de la mosquée est le minaret; il a en Perse la forme et
l'aspect d'une grande colonne sur laquelle la brique dessine en
relief des compartiments que divisent des zones décoratives
souvent chargées d'inscriptions.

Un minaret ancien existe encore à Damghan, ville célèbre
par la victoire qu'Alexandre y remporta sur les Perses et qui
est située entre Téhéran et Aster-Abad. On croit pouvoir le
dater du xie ou du xiie siècle. Un autre minaret mieux conservé,
et à peu près contemporain, est celui de la ville de Simnam.
voisine de Damghan. Il a encore son couronnement en charpente élevé sur une belle corniche de terre émaillée, et formant
une sorte de balcon couvert d'où émerge le noyau de l'escalier
qui circule à l'intérieur de la tour. En raison d'analogies singu-
lières entre ces minarets et ceux des mosquées du Caire, il ne

semble pas qu'ils puissent être considérés comme antérieurs au
XIIᵉ siècle, peut-être même au XIIIᵉ.

Une des formes caractéristiques des monuments de la Perse
pendant la période musulmane est celle de la porte, porte de
ville, de palais ou de mosquée, formant toujours un grand porche

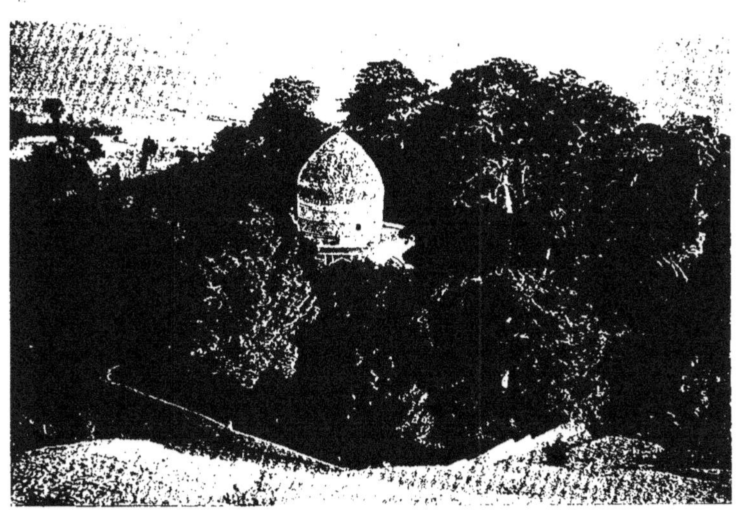

Fig. 32. — Tombeau près d'une source, à Ghadam-Gah (Perse).

dont les voûtes en encorbellement sont merveilleusement combinées pour l'emploi de petits matériaux. La conception procède
d'une idée très clairement exprimée : la porte doit donner libre-
ment passage à une foule et elle ne doit pas masquer l'entrée du
sanctuaire. Elle doit aussi être visible de loin. C'est suivant la
même idée qu'ont été conçues les portes de nos cathédrales dont
les piédroits s'évasent, amplifiant en quelque sorte l'accès de
l'église par cette série d'archivoltes qui les surmontent et
encadrent le tympan sculpté.

L'arc persan est formé d'abord par deux arcs de cercles se rencontrant au sommet : c'est le tracé qui s'accorde le mieux avec la construction de l'arc par tranches inclinées ou par lits horizontaux, suivant des méthodes que les Byzantins ont empruntées aux Persans.

La forme la plus usitée dès le xiiie siècle est celle d'arcs raccordés au sommet par deux tangentes : c'est la forme définitivement adoptée pour le tracé des coupoles qui se ferment par des voûtes coniques. Une vue de la ville de Koum et des édifices voûtés qu'elle contient fait bien comprendre la genèse de l'arc persan.

Le grand porche une fois adopté, le céramiste s'en est emparé pour y développer sa décoration de céramique polychrome, comme le sculpteur français s'est emparé du tympan du portail pour y développer son poème de pierre. En Perse, les piédroits du pylone dans lequel s'ouvre la porte ont été entièrement revêtus d'une mosaïque de pièces émaillées formant un cadre magnifique soit à la porte elle-même, soit aux monuments commémoratifs, par exemple aux stèles des tombeaux auxquelles on donnait au xive siècle la forme usitée pour le mehrab de la mosquée, pour la niche où se plaçait l'imam au moment de la prière, niche toujours orientée vers la Mecque.

La niche du mehrab à la mosquée djameh de Bastam, bien que les ornements soient en stuc et non en céramique, offre un spécimen de ce genre de décoration (fig. 33). On lui comparera les stèles en forme de mehrab, magnifiques ouvrages de céramique, à reflets métalliques, provenant de Veramin, et dont l'un porte la date de son exécution (an 745 de l'hégire — 1345).

La décoration de ces stèles en forme de mehrab est extrêmement riche. La plus grande est composée de 46 pièces. Un premier cadre est accusé par le relief des versets du Coran, en émail bleu sur fond mordoré, à reflets métalliques, avec rinceaux de remplissage en bleu azuré (fig. 34). Un ornement délicat forme la bordure. De grandes pièces décorées de rinceaux saillants constituent les remplissages entre le cadre et le motif principal simulant la face d'un sarcophage porté sur des

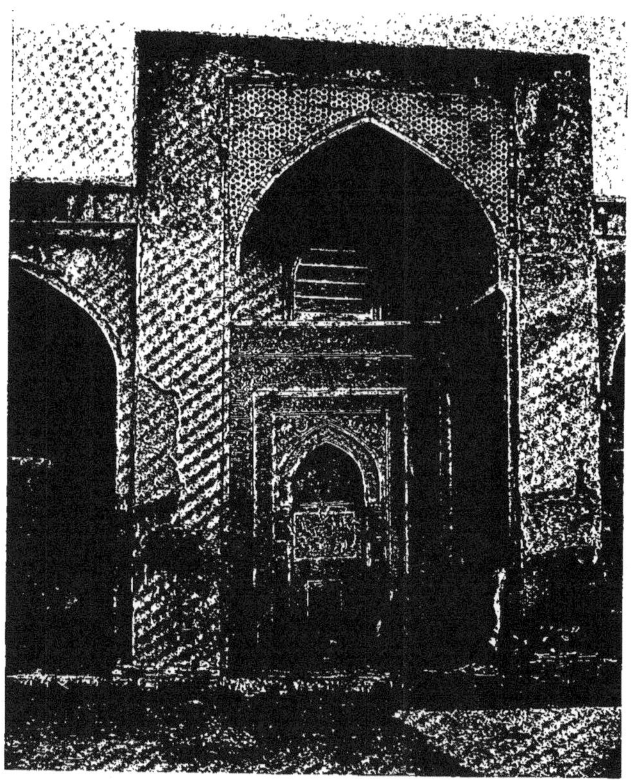

Fig. 33. — Sanctuaire de la Mosquée djameh de Bastam (Perse).
Mosaïque de petites pièces de céramique formant revêtement.

colonnes (fig. 35). A l'intérieur de ce motif en existe un autre de même forme sur lequel, entre des inscriptions, brille le « ghandil », la lampe qui brûle dans les lieux saints, lampe qui fut de terre cuite ou de verre, mais qui fut aussi d'argent ou d'or suivant l'importance de l'ex-voto.

Il est difficile de préciser l'époque à laquelle on commença, en Perse, à utiliser les réductions d'oxydes ou de sels de métaux, argent ou cuivre, sur les couvertes pour obtenir les beaux tons mordorés de ces faïences, à reflets métalliques, très improprement appelées faïences hispano-mauresques, et dont l'origine est persane.

La seconde stèle de Véramin est de moindre dimension : elle ne comprenait que quatre pièces ; mais ces pièces, qui ont près d'un mètre en longueur, n'ont pas été gauchies par la cuisson ; la terre, mélangée de grains de quartz, était, suivant une tradition très ancienne, parfaitement « dégraissée » et prenait très bien l'émail qui avait sans doute même température de cuisson et même dilatation que la terre qui le supportait.

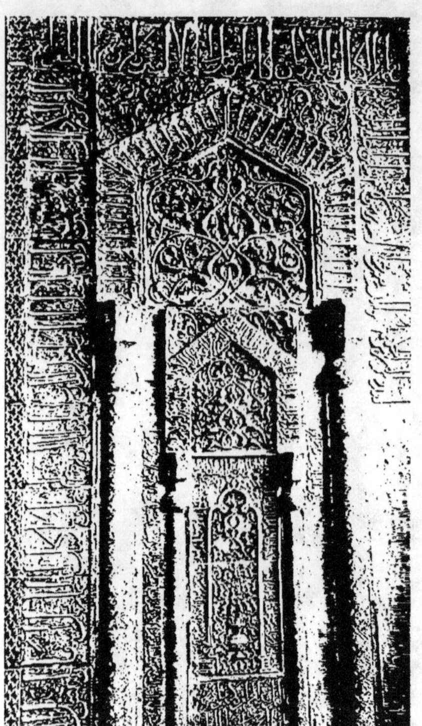

Fig. 34. — Stèle en forme de mehrab. provenant de Véramin. Céramique à reflets métalliques (xive siècle).

Il semble que les méthodes de construction, en petits matériaux d'assise, et de décoration par mosaïque de terre cuite, se soient surtout développées à la fin du xive siècle, sous le règne de Tamerlan, dans le Turkestan, et la ville de Samarkand a conservé les magnifiques témoins d'un art qui atteignait son apogée à cette époque.

Si ruinés que soient les monuments du Turkestan, leurs ruines sont éloquentes et nous renseignent bien sur les problèmes de construction qui ont été résolus, nous montrant le squelette de la construction sous son enveloppe décorative.

Ainsi la porte d'un caravansérail, dont la construction est

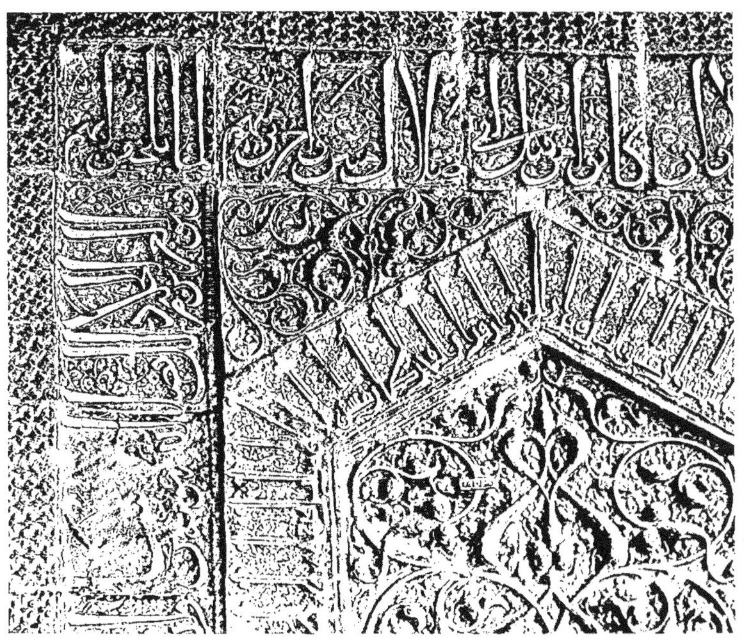

Fig. 35. — Détail du couronnement de la stèle de Véramin.
Inscriptions et ornements saillants en bleu, décor mordoré sur le fond et les lettres.

attribuée à la sœur de la célèbre Gohar-Chad, femme de Tamerlan, nous montre les piédroits d'une porte dépouillés particiellement de leur décor de mosaïques et nous laisse deviner le mode de liaison du parement au noyau de la construction (fig. 36).

A Merv, ancienne capitale des sultans Seldjoucides, les portes et tours de l'enceinte, construites en briques, fournissent, sur le tracé des arcs, sur la construction des pendentifs des voûtes, de très intéressants renseignements. Sur les murs dégarnis d'une mosquée et d'un tombeau on distingue la jonction du revête-ment émaillé avec le mur, et aussi, sur l'arc d'une porte, la direction des tranches de briques, près des naissances et à la clef.

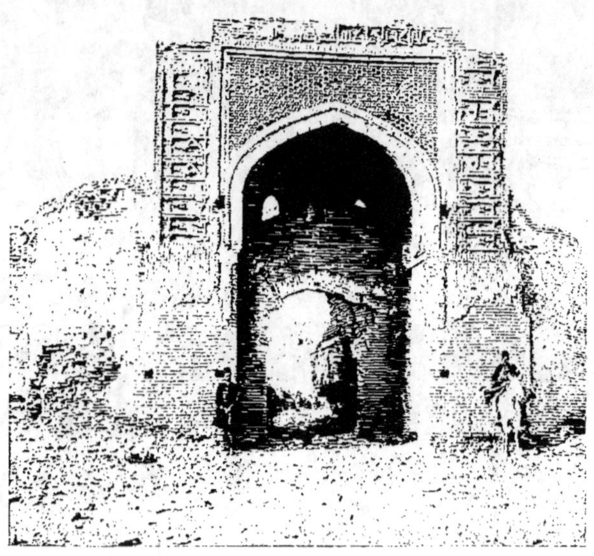

Fig. 36. — Entrée d'un caravansérail sur la route de Turkestan.
Décor de petites pièces de terre émaillée formant mosaïque de revêtement.

Samarkand est, parmi les villes d'Orient, celle qui a le mieux conservé sa parure d'émail aux tons bleus, formant, sous le soleil, un revêtement lumineux de turquoises aux parties pleines de ses façades, à ses minarets et à ses dômes.

Tous les voyageurs ont été saisis d'admiration en pénétrant sur la place de Righistan, bordée sur trois côtés des Medressehs ou écoles de théologie qui donnèrent, à Samarkand comme à Boukhara, un grand renom dans le monde musulman.

Les medressehs de Shir-Dahr et d'Oulong-Beg sont situés face à face sur la place, dont la medresseh Tillah-Kahri occupe le troisième côté. Celle-ci est accessible par une grande arcade ouverte dans une sorte de pylone que flanquent de part et d'autre des murs décorés de deux étages d'arcatures. Aux angles de la façade sont deux minarets actuellement découronnés.

A l'intérieur de la medresseh est une grande cour, entourée de bâtiments très simples où sont logés les étudiants et les mollahs. La cour précède un sanctuaire, dont le fond est occupé par le mehrab : sur le côté est la chaire « menber » précédée d'un escalier droit. C'est au sanctuaire qu'ont été réservées, là comme en Perse, les décorations les plus délicates.

La medresseh de Shir-Dahr offre une disposition de façade un peu différente : le porche central est plus développé. Les minarets des angles s'élèvent encore à la hauteur du sommet du grand porche. En arrière se dressent deux coupoles côtelées, enrichies d'émaux comme toute la façade.

C'est à peu près la disposition de la medresseh d'Oulong-Beg. Celle-ci daterait de 1434, tandis que les deux autres medressehs auraient été construites au commencement du xvii⁰ siècle, mais suivant les formes traditionnelles en usage au xiii⁰ siècle en Perse.

Le bleu, le blanc et le jaune sont les tons dominants de la céramique émaillée, formée de plaques d'assez grande dimension sur lesquelles une décoration géométrique s'allie avec une flore conventionnelle, garnissant les fonds de larges bandes sur lesquelles saillissent des caractères kouffis colorés en bleu.

La merveille de Samarkand est la mosquée de Chah-Sindeh, édifiée, dit-on, par Tamerlan, à l'emplacement d'un palais pour rendre hommage à un disciple de Mahomet qui, suivant la tradition, aurait, quoique décapité, survécu à son supplice et aurait reçu le surnom de Chah Sindeh (roi vivant).

L'entrée de la mosquée est accusée par un magnifique porche
encadré dans un pylone qu'enrichit un revêtement de céramique
émaillée. Un grand degré donne accès du vestibule dans une

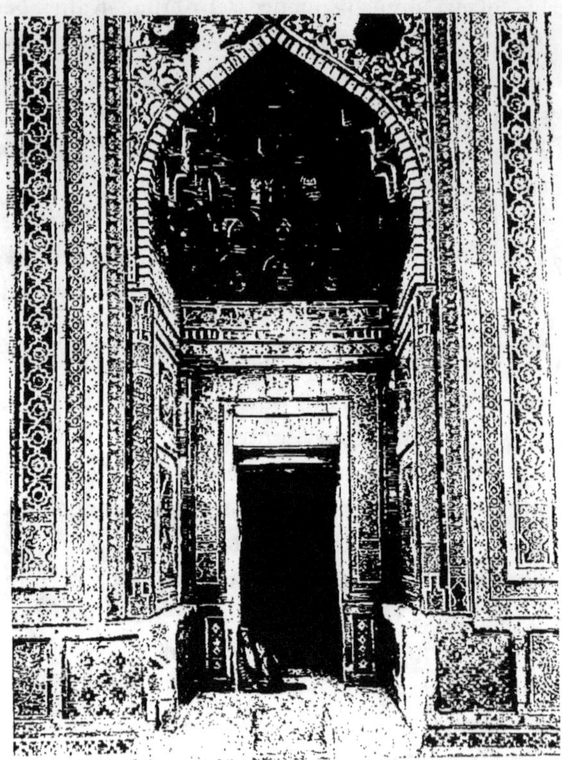

Fig. 37. — Entrée d'un sanctuaire de la mosquée de Chah Sindeh, édifiée par Tamerlan
à Samarkand.

galerie qui s'appuie sur la pente de la colline, et sur laquelle
s'ouvrent des portiques donnant chacun entrée à une chapelle
funéraire (fig. 37); l'une d'elles conserve la dépouille mortelle
d'un des fils de Tamerlan.

Les revêtements émaillés de ces chapelles sont dignes de ceux
du grand porche. Les ornements sont en relief, suivant la dis-

position adoptée en Perse, et les émaux où dominent le bleu d'azur, le vert, le jaune et le rouge brun sont, par places, rehaussés d'or. Ces chapelles, élevées sur plan carré, sont couronnées par des coupoles reposant sur tambours cylindriques.

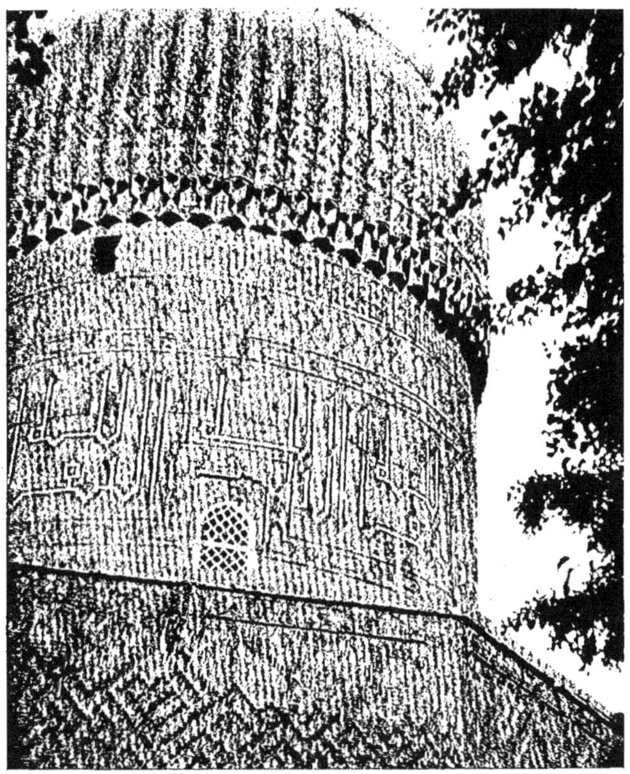

Fig. 38. — Le « Gour Emir ». Tombeau de Tamerlan, à Samarkand.

Au fond est le mausolée de Chah Sindeh dont la coupole est lisse, n'ayant d'autres saillies décoratives que celles de cabochons. Une large bande d'inscriptions blanches sur fond bleu décore le tambour où la lumière ne pénètre que par de petites ouvertures garnies de « claustra » ; comme les « turbehs », le tombeau du Saint est chargé de tapis et de riches étoffes.

Il faut admirer la chaude coloration des pièces émaillées qui forment les encorbellements successifs de la voûte à l'entrée de chacune des chapelles. Ce sont encore des éléments constitutifs de la construction, tandis que, sur les piédroits à tympans verticaux, ce sont de grandes pièces de faible épaisseur qui, emboîtées les unes dans les autres et scellées au mortier, forment le revêtement.

Sur la route qui conduit de la ville russe à l'ancienne cité s'élève le magnifique dôme bleu qui recouvre le tombeau de Tamerlan, le « Gour Emir » (fig. 38). La coupole est construite entièrement en briques émaillées à l'extérieur. Elle a la forme bulbeuse des coupoles persanes et des côtelures s'amortissent sur une sorte de corniche à alvéoles couronnant un tambour entièrement revêtu de faïences sur lequel des inscriptions très grandes s'enlèvent en blanc sur le fond bleu, formant entre deux zones de décorations géométriques comme une magnifique broderie.

Des porches donnaient accès au monument : celui de l'ouest est seul debout, chargé d'inscriptions, dont l'une rappelle le nom de l'architecte Abdullah d'Ispahan. Le Gour Emir aurait été construit du vivant de Tamerlan qui y avait fait ensevelir son précepteur, le mollah Saïd-Mir-Beck.

A l'intérieur, la salle sur laquelle s'élève la coupole, portée par une série d'encorbellements, est de forme carrée. Les parois et le dallage sont en marbre et les arabesques des parois s'enlèvent en or sur le fond bleu. A côté du tombeau très simple de Tamerlan, recouvert d'une dalle de jade, est celui de son petit-fils Oulong-Beg. Tamerlan était mort en 1405.

Ainsi à la fin du xive siècle, l'art musulman qui s'était développé en Perse, s'étendait au Turkestan et pénétrait dans l'Inde, y propageant ses méthodes de construction par encorbellement de matériaux façonnés et ses procédés de décoration par mosaïques de pièces émaillées et assemblées entre elles. Ces procédés n'étaient pas limités à l'Asie musulmane. Ils étaient aussi pratiqués en Afrique et ont donné lieu dans l'art mauresque aux plus intéressantes applications.

V

CÉRAMIQUE ORIENTALE AU MOYEN AGE

(Asie centrale, Asie Mineure, Égypte.)

Mosaïques de pièces émaillées.

A comparer les monuments seldjoucides de Merv à ceux de Samarkand, et ceux-ci aux monuments contemporains de la Perse, on ne peut douter qu'il faille faire honneur aux artistes persans de la belle ordonnance et du merveilleux décor des monuments élevés dans le Turkestan à la fin du xive siècle et au commencement du xve.

La porte du sultan Bayazid (Bajazet) à Bastam est formée des mêmes éléments décoratifs (mosaïques de revêtement des piédroits et tympan du pylône, voûtes en encorbellement formées de corbelets et d'arcatures en forme d'alvéoles) que celles des grandes chapelles funéraires de la mosquée de Chah-Sindeh à Samarkand. Vainqueurs et vaincus pratiquaient le même art.

La mosquée djameh de Meschhed, la ville sainte (fig. 39), est une œuvre du xiie ou du xiiie siècle qu'on peut considérer comme un prototype des monuments de la ville de Tamerlan. Toutes les formes de l'art musulman de la Perse y sont représentées depuis l'arc angulaire ouvert dans le pylône entièrement revêtu de pièces de terre émaillée, jusqu'à la coupole à base bulbeuse et à couronnement conique élevée sur un tambour cylindrique. On trouve sur ce tambour tout ce qui excite l'admiration à Samarkand, les hautes inscriptions de caractères kouffis et les zones d'ornements émaillés qui les encadrent et on voit aussi à Mesched les minarets en forme de colonnes enrichis d'ornements géométriques formant des compartiments dont des étoiles d'émail occupent les milieux.

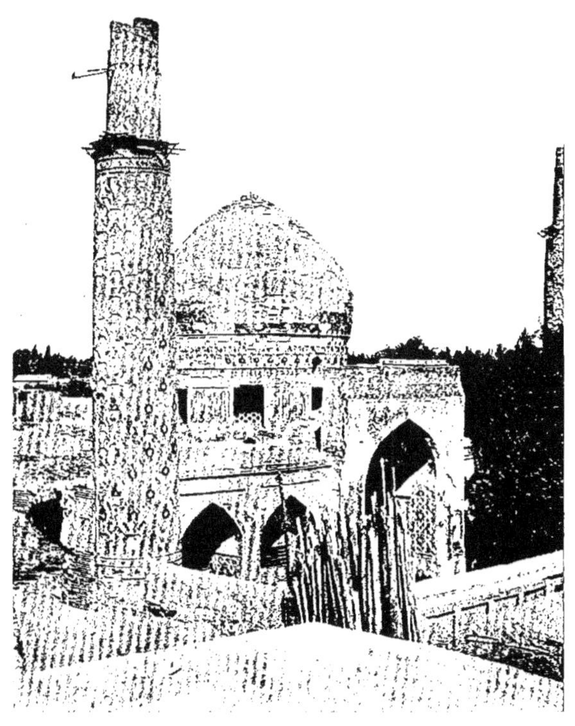

Fig. 39. — Mosquée djameh, à Mesched.
Coupole bulbeuse, à couronnement conique.

Il paraît donc incontestable que la Perse, berceau de l'art musulman, a contribué à son évolution et à son expansion dans le monde oriental.

L'art des Turcs Seldjoucides, celui qu'ils implantèrent en Asie Mineure et en Syrie lors de leur conquête, diffère bien peu de celui qui s'était développé en Perse. Le minaret de la mosquée de Saint-Jean à Éphèse a tous les caractères des minarets persans.

Il en fut de même en Égypte. Les monuments du Caire en fournissent la preuve. Les plus anciens (mosquée d'Amrou et partie primitive de la mosquée d'El-Azhar, la première construite l'an 21 de l'hégire, l'autre l'an 359 (970 de l'ère chrétienne) ne forment qu'une enceinte entourant une cour bordée de portiques dont les colonnes proviennent de monuments byzantins.

Le premier édifice de style musulman du Caire, la mosquée de Touloun, fondée par Ahmed-Ibn-el-Touloun, Turkoman d'origine, à la fin du IXe siècle, est un monument persan (fig. 40) d'autant plus intéressant qu'il peut fixer approximativement la chronologie des monuments similaires de la Perse. Les arcs y ont la forme qui avait été adoptée en Perse au temps des Ghaznevides, peut-être même antérieurement. Les couronnements des colonnes aux angles des piliers de briques de la mosquée de Touloun sont ceux qui se maintinrent en Perse jusqu'au XVe siècle, et il semble qu'à cette époque ancienne l'usage de la céramique émaillée formant revêtement ne se fût pas développée puisqu'à la mosquée de Touloun les ornements sont en plâtre. La mosquée du sultan El-Hakem au Caire, élevée au début du XIe siècle par l'un des sultans Fatimites, est en ruines ; mais on y retrouve encore les piliers ornés de colonnettes et les arcs à couronnement angulaire.

Le minaret de la mosquée d'El-Hakem (fig. 41), qui s'élève au-dessus d'une base massive prise dans des fortifications d'époque récente, se rattache encore par sa corniche à alvéoles et les côtelures de son dôme à l'art de la Perse. La même observation peut s'appliquer aux minarets des mosquées d'El-Azhar et de Qalaoun, ce dernier dû à l'un des sultans mameluks et datant de la fin du XIIIe siècle (fig. 42).

Ces similitudes de structure et de décor sont aisément explicables ; l'Égypte fut soumise de 1171 à 1250 aux sultans Eyou-

bites et le célèbre Salah-Eddin-ben Eyoub, le Saladin des croi-
sades, était chef des Kurdes. Après l'assassinat du dernier khalife
Eyoubite l'Égypte eut pour chefs des sultans mameluks, c'est-

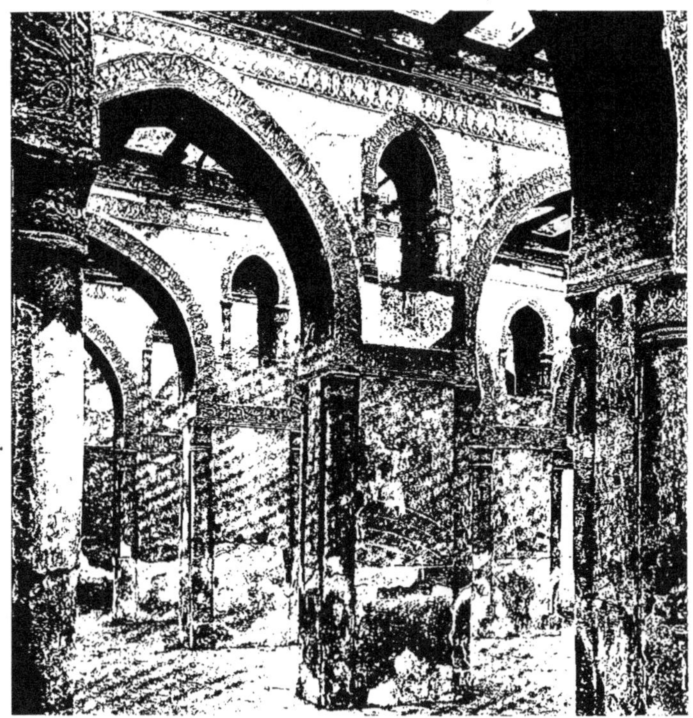

Fig. 40. — Mosquée de Touloun, au Caire (monument de style Persan, ixe siècle).

à-dire Tcherkesses ou Circassiens et par conséquent affiliés aux
maîtres de la Perse.

Le monument du Caire qui offre le plus de ressemblance avec
les monuments persans est la mosquée du sultan Hassan. Si l'on
fait la part de l'emploi de matériaux différents, brique en Perse,
pierre en Égypte, on retrouve dans la mosquée d'Hassan une
grande cour intérieure sur laquelle s'ouvrent de grands porches,

dont l'un abrite le sanctuaire, et, à proximité, la chapelle funéraire couverte par une coupole. C'est au XIVᵉ siècle (1356-1358) qu'était édifiée cette mosquée, précédant de peu d'années les monuments de Samarkand.

C'est surtout par l'ingéniosité de la construction que les monuments du Caire se rapprochent de ceux de la Perse et les transitions ménagées à l'extérieur et à l'intérieur pour le raccordement des coupoles avec les murs fournit le plus intéressant sujet d'études. On remarque dans la nécropole de Kaït-Bey, et notamment au tombeau du sultan El Barqouq, au Caire, la disposition des grandes coupoles des salles funéraires ainsi que les petites voûtes en coupoles sphériques des galeries. Lorsque la coupole était de grande dimension il importait, même avec un mode de construction qui réduisait les poussées, de renforcer les murs à la hauteur où ces poussées pouvaient s'exercer. Cela était surtout nécessaire pour les coupoles sphériques qui ne pouvaient être montées à leur partie supérieure qu'en inclinant les lits des briques vers le centre de la sphère.

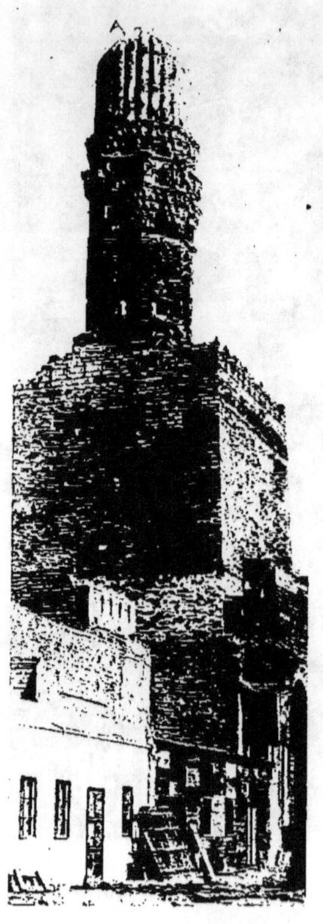

Fig. 41. — Minaret de la Mosquée d'El-Hakem (Le Caire).

A Koum, la coupole de la mosquée djameh est renforcée par des saillies polygonales qui l'épaulent et forment au-dessus du soubassement une ordonnance de contreforts et de niches angulaires alternés. Ce couronnement angulaire des niches s'accorde parfaitement avec l'emploi de briques rectangulaires.

Le tombeau d'un Khan à Merv, dans le Turkestan russe (fig. 43), laisse voir, par suite de l'écroulement partiel de ses contreforts, leur structure cellulaire de niches formant trois étages

et reliant entre eux des contreforts massifs. A l'étage inférieur les ouvertures étaient prises dans les murs de l'enceinte carrée, et formaient avec les piliers intermédiaires et les piliers d'angle le couronnement de ces murs. Sur les contreforts d'angle devaient s'amortir de grands glacis, divisés peut-être par redans, tels qu'on les voit figurés sur les tombeaux des sultans mameluks du Caire.

Ce système de renforcement et d'amortissement des coupoles a été pratiqué dans les monuments les plus anciens de style musulman en Perse. Un tombeau situé à Pol-Khatoum, en plein désert, près du Turkestan, a aussi sa coupole renforcée par épaulements successifs. A en juger par ce qui subsiste de la décoration des murs et des voûtes du grand porche, ce devait être un monu-

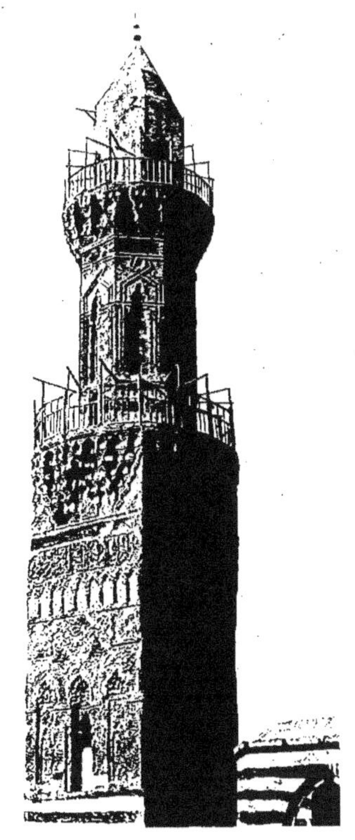

Fig. 42. — Minaret de la mosquée de Qalaoun, Le Caire. Fin du xiiie siècle.

ment somptueux, tout brillant de l'éclat des mosaïques de terre émaillée.

Les nécropoles des sultans mameluks au Caire, situées hors de la ville, l'une à l'est, celle de Kaït Bey, les autres au sud, le Tourah-es-Seïdeh et l'Imam-Chafey, prouvent par de nombreux exemples l'influence qu'exerçait en Égypte du xiiie au xve siècle l'art musulman de la Perse.

Le monument le plus important est le tombeau du sultan El

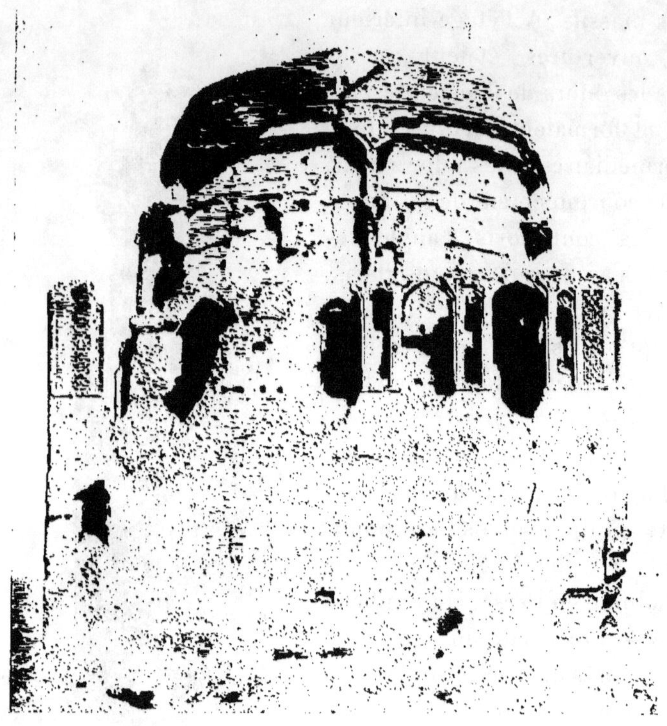

Fig. 43. — Tombeau d'un khan, à Merv (Turkestan russe).

Barqouq, édifié de 1382 à 1399. El Barqouq avait défendu victorieusement son empire contre Tamerlan.

Le monument, qui a l'importance d'une grande mosquée, comprend sur la face est le sanctuaire formé de trois galeries dont les petites coupoles reposent par des pendentifs sur des piliers isolés. Aux extrémités du sanctuaire sont deux salles carrées couvertes par de grandes coupoles semblables aux coupoles persanes et ornées extérieurement de nervures comme la coupole du Gour Émir de Samarkand. Ce sont, d'un côté, le tombeau du fondateur, de l'autre, la chapelle funéraire de la famille.

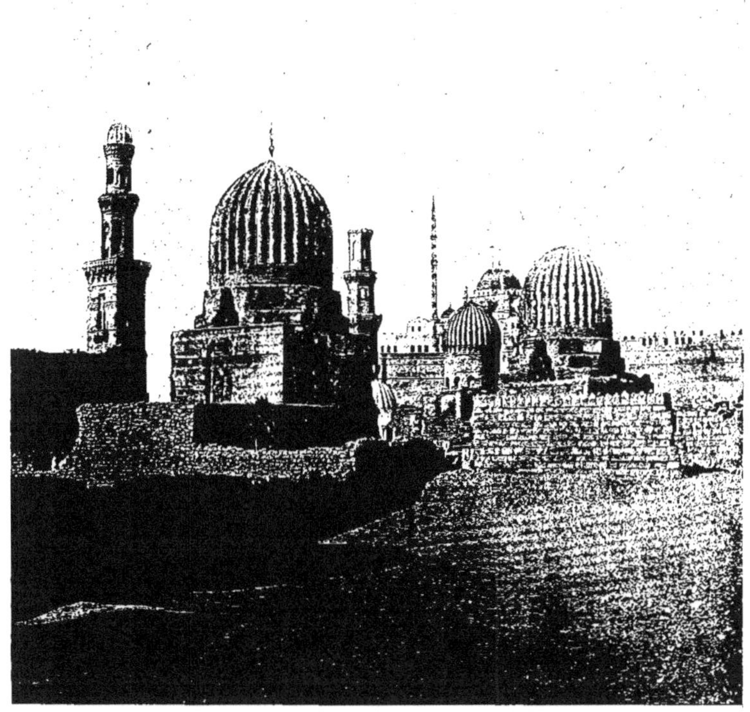

Fig. 44. — Tombes à coupoles nervées, dans la nécropole de Kaït-Bey (Le Caire).

Le tambour circulaire de la coupole est très ingénieusement raccordé, à l'intérieur par des encorbellements, à l'extérieur par des amortissements en glacis, avec la base carrée.

D'autres bâtiments entourent la cour carrée, au centre de laquelle est la fontaine des ablutions, et sur laquelle s'ouvrent des portiques ou galeries de moindre importance : les entrées sont au nord-ouest et au sud-ouest et la façade ouest est flanquée de deux sveltes minarets.

Le monument funéraire de Kaït-Bey est d'époque plus récente (1468-1496). Il a presque la même ordonnance que la mosquée du sultan El Barqouq (cour sur laquelle s'ouvrent des portiques compris dans une enceinte rectangulaire et salle de tombeaux communiquant avec le sanctuaire). Le marbre employé dans la construction de ce remarquable édifice donne forcément une décoration particulière, différente de celle qui résulte de l'emploi de la brique émaillée. Mais les nécropoles du Caire conservent en grand nombre des tombeaux construits d'après les mêmes principes, avec contreforts extérieurs reliés par des arcs et avec nervures de briques sur les coupoles, comparables aux tombeaux de la Perse et du Turkestan. Seule, la parure de terre cuite émaillée leur fait défaut (fig. 44).

Les coupoles des tombeaux des sultans mameluks du Caire sont généralement exécutées en briques, comme celle du célèbre tombeau de Samarkand et ont absolument la même forme extérieure, celle qui résulte du raccordement de la coupole avec un couronnement conique.

D'ailleurs, même en Perse, tous les monuments ne sont pas revêtus de briques émaillées. L'une des mosquées les plus intéressantes pour la construction de la voûte de son sanctuaire, celle d'Aster-Abad, était enduite (fig. 45).

Cependant l'emploi de ces mosaïques de pièces ajustées avec la précision d'ouvrages lapidaires était général en Perse au XIIIe siècle et n'a pour ainsi dire jamais été abandonné, tandis qu'en Turquie, en Égypte, en Tunisie et au Maroc on adoptait dès le XVIe siècle, pour le revêtement des murs, des carreaux émaillés, peu épais, faciles à fabriquer et sur lesquels le dessin de motifs, se répétant à intervalles réguliers, formait pour la surface des murs comme une sorte de tenture brillante, mais assurément moins solide et moins intéressante au point de vue de la structure que le revêtement en mosaïque de terre émaillée, sur laquelle les joints aidaient à la compréhension du dessin.

Parmi les monuments persans, celui qui caractérise bien par ses dimensions et par l'ampleur de sa décoration le style musul-

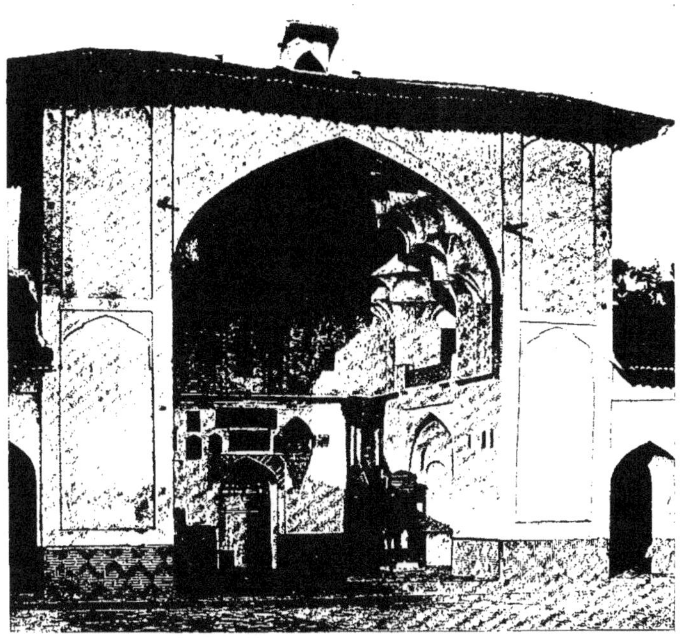

Fig. 45. — Sanctuaire de la mosquée d'Aster-Abad (Perse).

man dans ce pays est la mosquée djameh de Ghazbin (fig. 46), dont on ferait remonter la construction au xiiie ou au xive siècle. Le grand pylône dans lequel s'ouvre l'arc du sanctuaire est complètement revêtu de terre émaillée dont le décor, très libre dans les tympans, est au contraire de formes géométriques dans les piédroits. Les minarets flanquent ce pylône, dominant les galeries qui s'étendent à droite et à gauche du sanctuaire : leur encastrement partiel dans les piédroits n'est pas d'un très bon effet.

Les édifices de Samarkand ne sont pas moins somptueux et la terre émaillée les recouvre tout entiers. Celui qu'on désigne sous le nom de Bibi-Khanoun (*Madame* en arabe et en persan), pour rappeler l'influence bienfaisante de la princesse Gohar-Chad, épouse préférée de Tamerlan, était une medresseh actuellement en ruines ; mais ces ruines attestent encore par l'éclat des revêtements brillants du porche, des minarets et des coupoles l'importance de l'œuvre. C'est encore à Gohar-Chad qu'on attribue l'édifice désigné sous le nom de Ikrat-Kanah, don de la princesse à son époux.

Bien que quelques-uns de ces édifices soient dus à des architectes persans, il est certain que sous l'influence du conquérant de l'Asie et de ses successeurs s'était formée une école locale, employant la céramique émaillée avec des audaces de construction et de forme qu'on ne rencontre pas dans les monuments persans, dont en général la décoration est plus délicate et moins tranchée.

L'Inde, soumise successivement aux Ghaznevides, aux Afghans, aux Turcomans, aux Mogols, se couvrit de monuments de style musulman, comparables aux monuments de la Perse et dont les anciennes capitales, notamment Delhi, ont gardé les témoins. La porte d'Al-ud-Dien à Delhi et la tour de Kottab sont composées comme les portes et les minarets persans.

A Bakou, la mosquée de Chah-Abbas conserve, malgré l'emploi de la pierre, la forme des voûtes à encorbellement, et le décor d'arabesques qui résultait de l'emploi des matériaux façonnés.

La décoration due aux mosaïques de briques émaillées s'est perpétuée en Perse jusqu'à l'époque moderne. Un des sanctuaires les plus vénérés de la Perse, celui de l'Imam Riza, descendant d'Ali, gendre du prophète, offre une belle ordonnance de mosaïques enrichissant le pylône dans lequel s'ouvre la grande baie à couronnement angulaire de la niche du sanctuaire voûté. La vue de la cité sainte de Mesched prise sur l'enceinte sacrée et ses trois portes (fig. 47) montre bien que ni la forme ni le décor des édifices ne s'étaient modifiés, lors de l'avènement de Nadir-Chah après la chute des Sophis en 1736, à l'époque où le nouveau souverain, vainqueurs des Ottomans et des Afghans, s'emparait de Delhi.

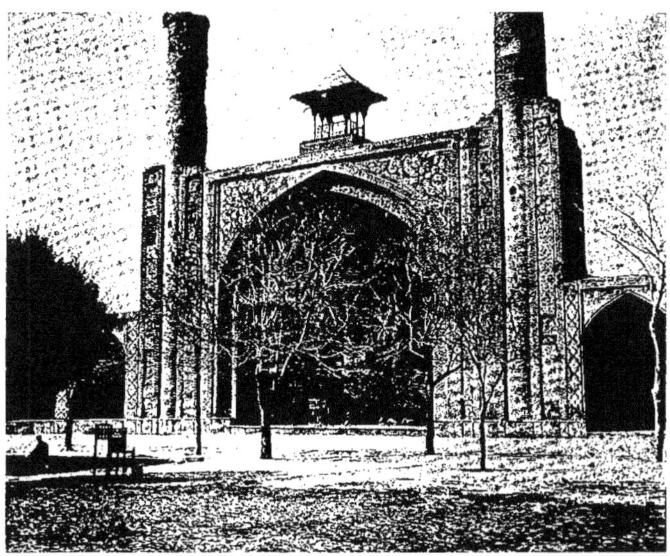

Fig. 46. — Mosquée djameh, à Ghazbin. Sanctuaire et minarets.

La porte qui donne accès à la cour du tombeau de l'Imam Riza à Mesched est encore enrichie de rinceaux dans les tympans au-dessus de l'arc et d'une décoration géométrique dans les piédroits ; mais les plaques de faïence émaillée sont déjà des pièces assez minces, assimilables à des carreaux et le décor en est plus libre.

A Kalat, la mosquée ou le « tombeau bleu » a conservé presque intact le revêtement de son tambour, encore formé de briques émaillées ; mais celui de sa coupole, en partie effondré, laisse apparaître une construction par assises formant l'enveloppe de la coupole de briques, maintenue par la tradition.

Le tombeau du fils de l'Imam Riza à Ghoudjan offre cette particularité d'être demeuré inachevé et de nous montrer côte à côte la construction brute d'un des minarets et la décoration achevée de l'autre ; la coupole n'a pas son revêtement tandis que le sanctuaire est voûté et magnifiquement orné.

A Ghazbin, la porte dite du Gouverneur a son tympan décoré de carreaux sur lesquels sont dessinés des ornements formant, par la réunion des carreaux, des rinceaux continus. C'est le système de revêtements qui dès le xviᵉ siècle prévalait dans les pays musulmans.

Dans l'Afrique septentrionale et en Espagne, l'art musulman avait suivi une voie différente, bien que l'emploi des mosaïques de terre émaillée y fût généralisé du xiiiᵉ au xvᵉ siècle ; mais des formes nouvelles y étaient créées, notamment celle du minaret carré, se rapprochant de nos clochers d'Occident et la décoration s'adaptait à ces formes nouvelles.

Ce qui semble avoir caractérisé la céramique persane à partir du xiᵉ siècle, c'est l'emploi des faïences à reflets métalliques qui passèrent plus tard de l'art persan dans l'art mauresque. Des pièces en forme d'étoiles, s'assemblant avec des pièces de remplissage, formaient ainsi des revêtements d'une extraordinaire richesse dont nos musées et notamment celui du Louvre conservent de beaux spécimens.

On a cru longtemps que les faïences à reflets mordorés n'étaient pas antérieures au xvᵉ siècle : on tirait argument des décorations de revêtement des murs de l'Alhambra de Grenade où l'on ne rencontre pas de faïences de ce genre, dites à tort hispano-mauresques.

L'art délicat des Maures avait opposé au décor ajouré des stucs et à leurs beaux effets de relief les mosaïques de terre émaillée donnant, sur un plan, par des colorations très franches, noir (manganèse et cuivre), blanc (étain), bleu azuré (cuivre), jaune (plomb ou antimoine), bleu violacé (cobalt), vert (cuivre), brun (manganèse), une décoration très harmonieuse, tirée de combinaisons linéaires. Les stucs aux découpures profondes, chargés de belles inscriptions blanches, brochant sur des rinceaux très riches de détails, comme sur un fond de grisaille, tiraient

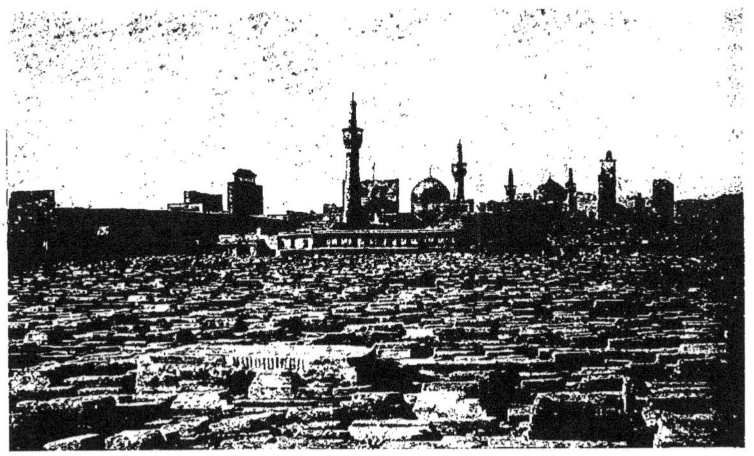

Fig. 47. — Vue de Mesched et de ses trois portes, prise de l'enceinte sacrée.

leurs effets des reliefs très puissants d'une matière monochrome de ton blanc rosé.

Il n'y avait donc guère place sur les murs pour ces émaux à reflets dorés qu'on réservait, semble-t-il, à des pièces exceptionnelles, à celles qui décoraient un mehrab, ou à des objets mobiliers sur lesquels le décor mordoré, vu de très près, donnait tout son effet. A Grenade même, le célèbre vase de l'Alhambra était ainsi décoré.

D'ailleurs, la découverte dans les comptes du Palais du duc de Berry à Poitiers, rédigés vers la fin du xive siècle, de pièces établissant l'existence dans cette ville, dès 1384, d'une fabrique de carreaux à reflets métalliques, pour lesquels on avait appelé de Valence un « Sarrasin », c'est-à-dire un Maure, démontre bien que l'usage de ces carreaux était connu et pratiqué en Espagne au XIVᵉ siècle. La découverte dans les fouilles de Poitiers d'un fragment de carrelage émaillé à émaux stannifères vérifie la description des comptes.

On y décrit minutieusement la construction des fours, et l'approvisionnement du bois pour le séchage de ces fours avant l'enfournement des carreaux, ou pour la cuisson de ces carreaux.

On y signale le travail de la terre, la préparation de la silice par le broyage des « cailloux », le passage de la terre au crible, puis au tamis, l'emploi d'un moulin de grès pour la réduction en poudre des matières employées.

On y mentionne l'acquisition du plomb, de l'étain fin, du sel, pour former, avec la silice, l'émail stannifère qui servait de couverte.

On calcine dans les fours l'étain et le plomb, et on acquiert des pots de terre réfractaire pour la fusion du « blanc nécessaire à l'œuvre des carreaux ».

On acquiert aussi une livre de « safre » (cobalt et silicate de soude) pour obtenir le bleu violet fondu sur les carreaux.

On peut croire que, suivant la tradition persane, on employait le bleu turquoise (bleu de cuivre) en rinceaux détaillant les fonds.

Enfin il est question de « limail » destiné à faire « le vert et or » pour l'œuvre des carreaux. Or, l'examen des faïences persanes à reflets démontre que ce reflet qui semble envelopper d'une coloration dorée la pièce tout entière, n'existe que superficiellement à l'emplacement où a été appliquée au pinceau une pâte siliceuse, contenant les composés de cuivre ou d'argent dont la réduction sur la couverte donne les beaux reflets mordorés, les carreaux étant recuits dans une atmosphère réductrice ; le passage au rouge vif des tons mordorés semble indiquer en Perse l'emploi fréquent du cuivre.

La difficulté est dans un tour de main consistant à obtenir pendant la réduction une égalité de température dans le four, et aussi une égalité d'atmosphère réductrice.

Or là encore les comptes du duc de Berry sont très précis. Si les fours sont chauffés d'ordinaire au bois ou au charbon de bois, on mentionne à chaque cuisson l'achat en nombre considérable de fagots de *genets* et il est permis de croire que ces fagots servaient à l'enfumage qui devait produire la réduction du métal et les reflets.

De nos jours on a essayé de mélanger un sel du métal à réduire avec la résine pour obtenir directement la couche réductrice; mais nous sommes bien éloignés encore de la perfection de la céramique persane et surtout de la régularité de cette fabrication ancienne des céramiques à reflets métalliques, qu'on fabriquait à Narbonne au xv⁰ siècle ainsi qu'en témoignent les fragments conservés au musée de cette ville, très riche en documents sur la céramique.

Un intéressant détail des comptes du palais de Poitiers vise le découpage au couteau des carreaux, suivant le contour donné par les modèles. La découverte récente de très importants carrelages en mosaïques de pièces émaillées au château de Saumur fournit la vérification du procédé décrit.

VI

CÉRAMIQUE ORIENTALE AU MOYEN AGE :
L'ART MAURESQUE EN AFRIQUE

Mosaïque de terre émaillée formée de petits éléments.

Avant d'étudier les œuvres des céramistes occidentaux, une dernière analyse de la céramique orientale est à faire sur les monuments de l'art arabe ou plutôt sur ceux de l'art mauresque, analyse d'autant plus intéressante que c'est par l'art mauresque que les méthodes de fabrication et de décor des faïences sont passées en Occident.

Dans le Maghreb, la caractéristique de l'art musulman issu de l'art persan et de l'art byzantin, c'est l'emploi exclusif de figures géométriques pour les décorations les plus libres et les plus souples qui aient jamais existé. Les briques de revêtement d'abord employées comme assises de la construction, puis divisées par petites pièces, en carrés, en losanges, en triangles, en étoiles, en bandes rectilignes ou circulaires, constituent avec ces éléments assemblés une mosaïque d'une extraordinaire richesse.

Le principe est, comme en Perse, celui d'une forme enveloppe dans laquelle sont compris des détails plus délicats, mettant en valeur les grandes lignes du dessin, soit qu'il résulte d'une mosaïque de petites pièces admirablement ajustées entre elles suivant des combinaisons symétriques, soit qu'il se développe à la surface de carreaux juxtaposés, formant par leur assemblage une véritable tenture murale.

Mais l'art musulman, dans le Maghreb, a des caractères particuliers qui le distinguent de l'art persan. Malgré le voisinage du Caire, où sous les sultans mamelucks s'élèvent, sur les mosquées et les tombeaux, des coupoles à couronnements coniques, rappe-

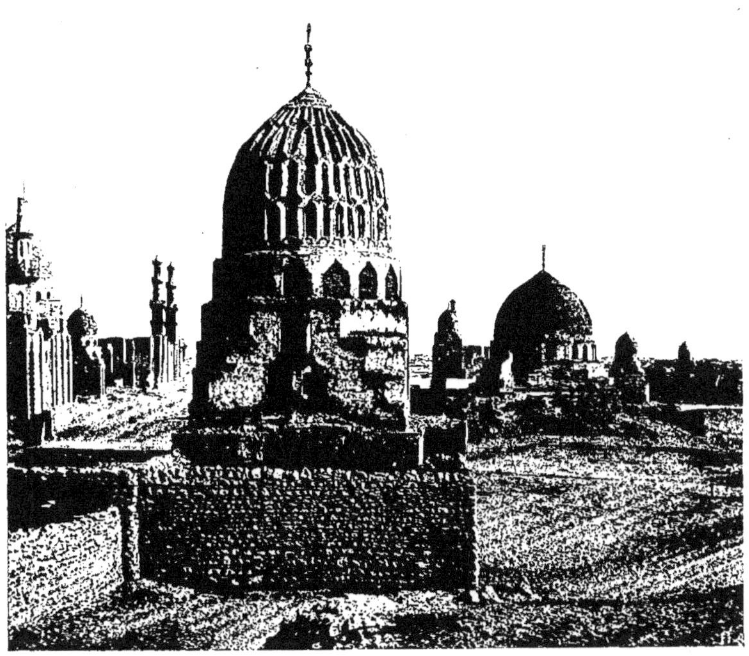

Fig. 48. — Coupole à nervures de briques reposant sur tambour à baies angulaires, dans la nécropole de Kaït-Bey.

lant par leur forme celles qu'on élevait au xive siècle dans la Perse et le Turkestan, les mosquées mauresques conservent le plan général des mosquées arabes primitives, c'est-à-dire les galeries ouvertes disposées autour d'une cour et multipliées en avant du sanctuaire.

Les belles coupoles nervées (fig. 48) qui font de la nécropole de Kaït-Bey un merveilleux ensemble, aussi remarquable par la variété que par la richesse du décor, n'ont pas eu de répliques dans l'art mauresque, ni en Afrique ni en Espagne.

Il semble même que le contact avec les Occidentaux ait modifié la forme du minaret qui n'est plus cylindrique ou tronconique, mais élevé sur plan carré et a certains rapports avec les premiers clochers chrétiens d'Occident.

Au Caire, le minaret de la mosquée du sultan Qalaoun passe, par retraits successifs, du plan carré au plan octogonal et chaque retrait détermine un arrangement charmant de balcons en encorbellement avec consoles et arcatures en formes d'alvéoles.

Mais il n'en est pas de même dans les minarets mauresques qui s'élèvent sur plan carré jusqu'au sommet : un escalier qui rampe entre le mur extérieur et le mur intérieur formant noyau se prolonge pour abriter la sortie : c'est la disposition du campanile de Saint-Marc à Venise.

La province d'Oran conserve de précieux monuments de cet art qui s'était étendu à toute l'Afrique du Nord et à l'Espagne. C'est à Tlemcen et aux environs de Tlemcen que sont les édifices les plus précieux, la Grande Mosquée, la mosquée d'Aghadir, la mosquée de Mansoura, la mosquée et le tombeau de Sidi-Bou-Médine, etc...

Tlemcen occupe l'emplacement d'Aghadir, l'ancienne capitale du Maghreb central fondée en 1080 par Aben-Youcef-Ben-Tachfin. Les dynasties successives avaient été celles des Idrissides de 785 à 980, des Zéréïtes de 980 à 1050, des Almoravides de 1050 à 1120.

La grande prospérité de Tlemcen date des Almohades (1120-1239) et des Abd-el-Ouadites sous lesquels la ville fut assiégée pendant huit années par les Merinides du Maroc (1299-1307).

Au début du xive siècle les souverains de Tlemcen étendaient leur autorité sur les territoires qui forment aujourd'hui les provinces d'Alger et d'Oran. A partir du xvie siècle les Turcs, installés à Alger, formèrent un nouvel État qui subsista jusqu'en 1830.

Sauf le minaret d'Aghadir (fig. 49) qui, par sa décoration de briques émaillées, se rattacherait aux monuments musulmans d'Orient, les édifices de Tlemcen ne sont pas antérieurs au XIIIe

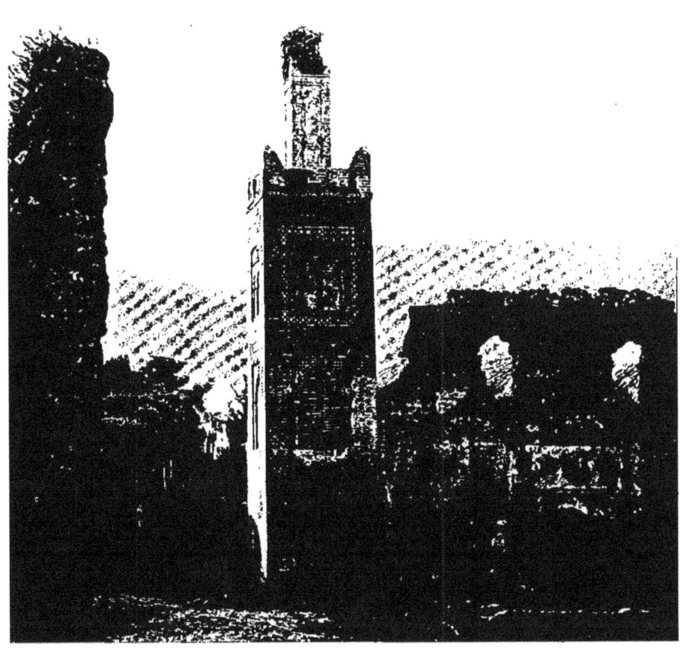

Fig. 49. — Minaret d'Aghadir à Tlemcen. Forme de minaret se rapprochant de celle des clochers, avec murs doublés et escalier entre murs.

ou au XIVe siècle et les minarets de Tlemcen ont évidemment inspiré certains clochers d'Espagne de style mauresque, tels que la Giralda de Séville ou le clocher de San-Marco de Tolède. Celui de la mosquée de Sidi-el-Hallouy caractérise bien l'emploi des arcatures festonnées et entrelacs de briques saillantes formant une décoration continue sur un fond encadré par des piédroits et par une corniche horizontale déterminant un grand panneau décoratif de forme rectangulaire.

Une des œuvres la plus importante est la mosquée qui fut construite dans l'enceinte de Mansoura, à trois kilomètres de Tlemcen, pendant l'occupation qui fut faite des abords de la ville par les Mérinides et notamment par le sultan noir Aboul-Hacen, qui s'empara de Tlemcen après un long siège.

Le minaret de la mosquée, haut de 45 mètres et construit en pierre avec incrustations de pièces de faïence émaillée, est une œuvre parfaite où l'on peut admirer l'adaptation du décor à tous les éléments de la construction (fig. 50). La pierre est défoncée, et dans les alvéoles, qui n'ont point toutes conservé leur décor céramique, s'intercalaient des pièces de terre cuite aux tons bleu turquoise, bleu foncé, blanc ou noir. Les rinceaux des tympans au-dessus de la porte, encadrés d'une inscription en caractères kouffis, enveloppent les arcs dont chaque claveau porte son décor (fig. 51).

Au-dessus de la porte, repose sur des consoles à alvéoles un grand balcon de pierre et, entre les consoles et les colonnettes d'onyx qui les supportent, se développe une superbe frise d'entrelacs dont les intervalles devaient être remplis par des mosaïques de faïence, qui garnissaient des défoncements actuellement vides.

A Tlemcen, la Grande Mosquée, très endommagée par le temps, serait l'œuvre de la dynastie Almoravide, mais elle dut subir par la suite d'assez nombreuses modifications. Le plan, comme celui de la mosquée de Mansoura, est fort simple, comprenant à l'entrée un minaret carré à noyau central autour duquel évolue l'escalier, une cour bordée de galeries à triple rangée de points d'appui qui sont en nombre double en avant du sanctuaire; les arcs de ces galeries sont découpés sur les rives par de véritables festons de petites arcatures, festons redessinés en saillie par les archivoltes.

Sur la cour, un badigeon de chaux unifie le parement des murs et des arcs ; à l'intérieur, les tympans sont occupés par des mosaïques de terre émaillée dont le décor contraste avec celui des stucs sculptés à jour.

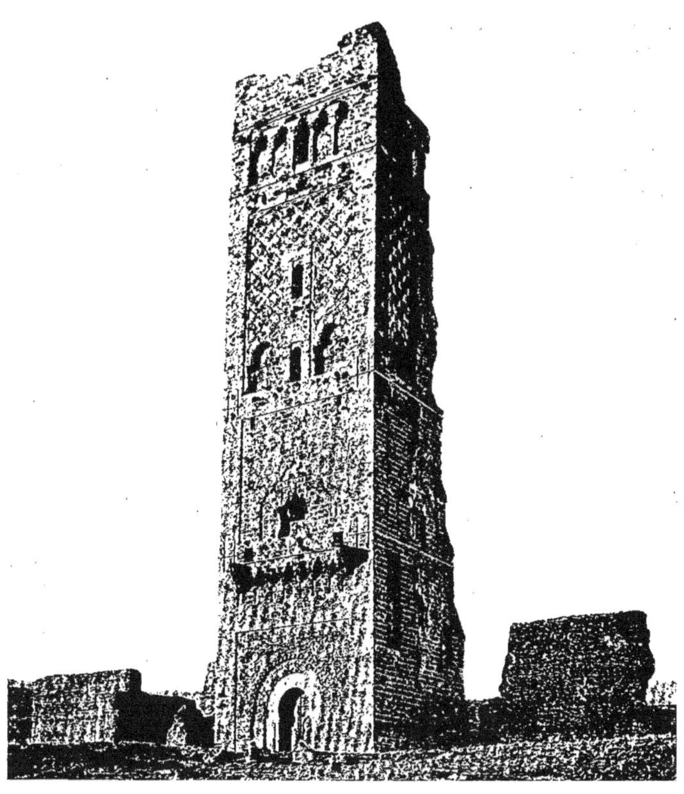

Fig. 50. — Minaret de la mosquée de Mansoura, près de Tlemcen.
Emploi de la pierre appareillée et de pièces de céramique émaillée,
incrustées dans la pierre.

Comme dans les mosquées arabes, les galeries sont couvertes par des charpentes apparentes supportant une toiture de tuiles. La construction est faite en briques avec revêtement de marbre et d'onyx et décoration de mosaïque de faïences alternant avec les arabesques découpées dans le plâtre.

Cette ornementation est réservée, dans la Grande Mosquée, au mehrab et à la coupole de la Maksourah (fig. 52), qui daterait du sultan Hammam Mouça (1389). Le minaret serait l'œuvre de l'Abd-el-Ouadite Yarmoracen.

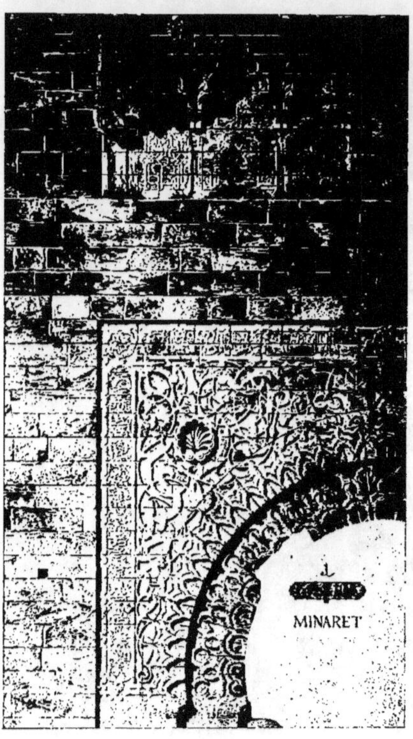

Fig. 51. — Détail de la porte de Mansoura,
d'après une aquarelle de Duthoit.

La mosquée de Sidi-el-Hallouy témoigne, comme la mosquée de Mansoura, du goût de la dynastie Mérinide ; un portail d'un grand effet décoratif donne accès aux galeries intérieures et le plafond de l'auvent qui couvre la porte principale est supporté par des encorbellements très richement décorés.

Aux environs de Tlemcen, à Sidi-bou-Medine, était le tombeau de Sidi-Yakoub et d'autres tombeaux subsistent encore entre Tlemcen et le village d'El-Eubbad où vint mourir le savant Abou-Médian, né à Séville, et qui donna son enseignement à Bagdad, à Cordoue et à Bougie. Il fut enseveli à El-Eubbad, dans un mausolée voisin d'une mosquée construite au xiv° siècle et dont l'entrée monumentale est à citer comme l'un des plus beaux ouvrages de l'art mauresque.

La porte (fig. 53), dont l'ouverture est accusée par la combinaison de deux branches d'arcs à centres surhaussés, est encadrée dans une sorte de pylône dont les piédroits de briques forment un cadre, limitant les tympans et frises en céramique émaillée, et servant d'appui à une grande corniche en encorbel-

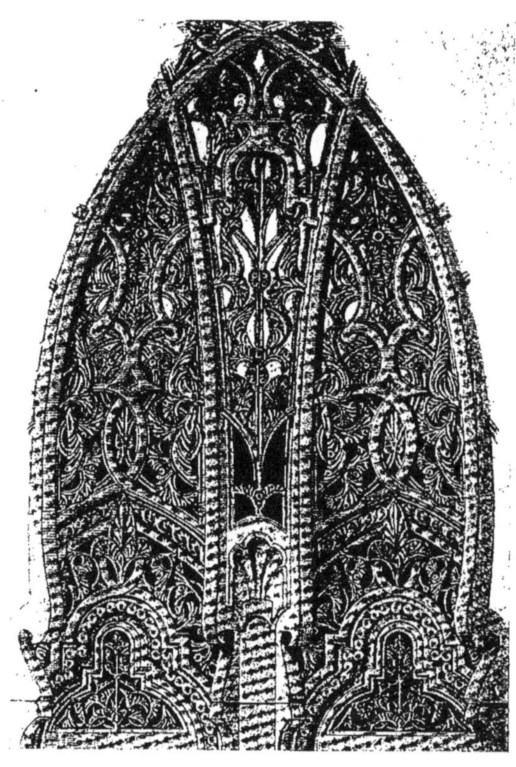

Fig. 52. — Arabesques ajourées dans la coupole de la Maksourah à la mosquée de Tlemcen, d'après une aquarelle de Duthoit.

lement qui couronne le pylône. Le minaret, dont M. Duthoit a fait une remarquable aquarelle, est aussi un chef-d'œuvre de composition décorative. Les éléments de construction en céramique encadrent des panneaux à rinceaux de tons blanc, jaune, vert et noir de la plus grande délicatesse.

A proximité était la Médersa, ou École des Hautes Études

établie par le sultan Mérinide Aboul-Hacen, et décorée encore à
l'extérieur d'une mosaïque de terre cuite.

Une Médersa plus importante avait été fondée à Tlemcen par

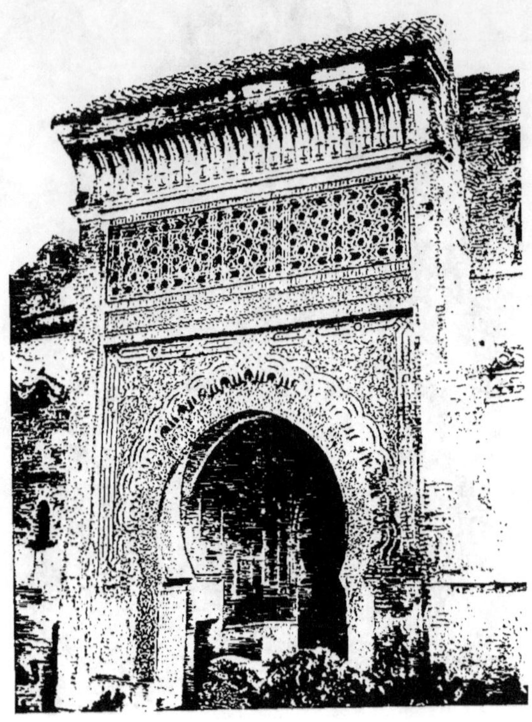

Fig. 53. — Porte de la mosquée de Sidi-bou-Médine. Exemple caractéristique
d'une mosaïque de petites pièces en terre cmaillée, formant revêtement.

Abou-Tachfin, 1318-1337, mais elle est à demi ruinée. Elle
conserve cependant une porte presque aussi intéressante que
celle de la mosquée de Sidi-Bou-Médine et ornée comme elle
d'une mosaïque de faïence. A chaque arcature festonnée correspondent des motifs alternés de rinceaux d'un dessin très
délicat. M. Duthoit a reconstitué par le dessin les parties muti-

lées de cette belle porte (fig. 54) et le Musée de Tlemcen a recueilli de magnifiques fragments des frises de marbre qui ornaient la salle dite du Divan. Les combinaisons géométriques

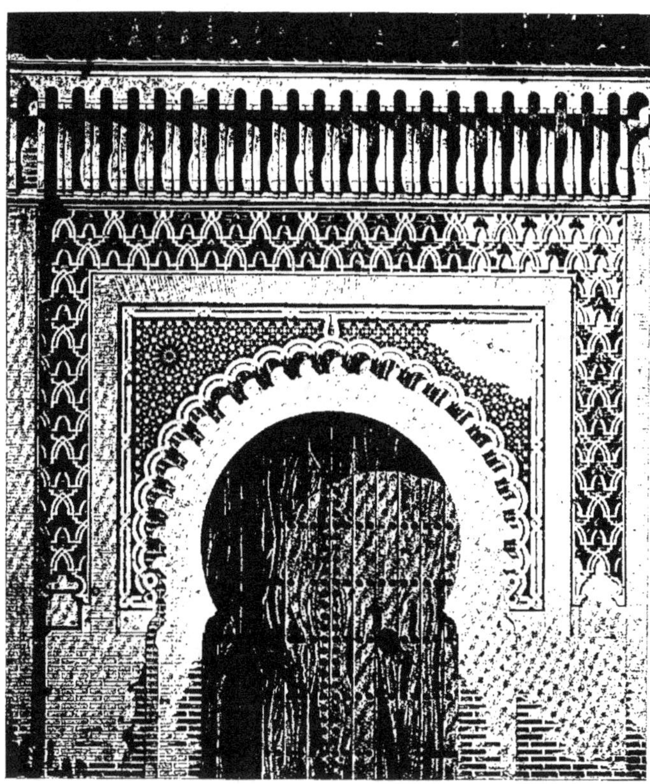

Fig. 54. — Porte de la Médersa de Tlemcen, d'après une aquarelle de Duthoit. Cadre en mosaïque de terre émaillée, limitant l'emplacement de la porte.

des faïences émaillées formant le revêtement de la porte sont extrêmement variées.

On voit par ces exemples combien était brillante au xiiie et au xive siècle, la civilisation des royaumes berbères d'Afrique qui confinait d'ailleurs à celle de l'Andalousie.

La brique se prêtait à mille combinaisons décoratives, même lorsque l'émail n'intervenait pas. Elle dessinait par ses saillies, des piédroits, des arcs, des frises sur lesquelles alternaient des parties pleines et des panneaux à décor géométrique, des

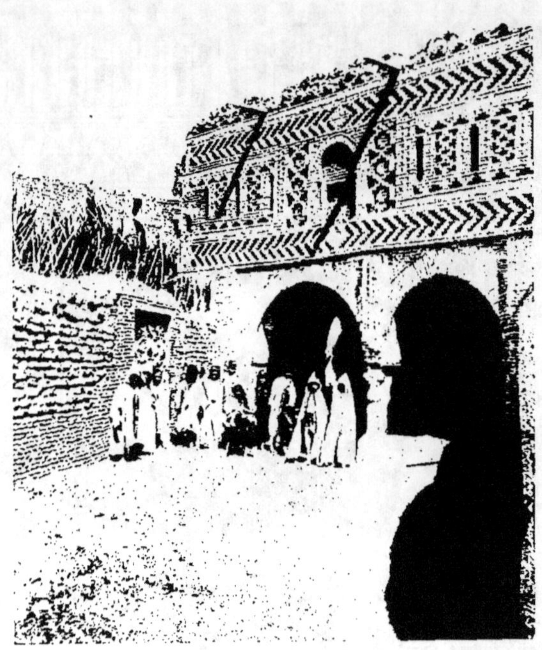

Fig. 55. — Maison en briques apparentes, formant décor, à Tozeur.
Décoration géométrique.

chevrons, etc... Ce genre de décoration est très apparent sur une maison de l'oasis de Tozeur (fig. 55), dont le premier étage, surmontant les arcades du rez-de-chaussée, est évidé de petites baies verticales étroites séparées par des panneaux ornés. Cette ornementation provient uniquement de l'appareil des briques, posées alternativement sur la grande et sur la petite face et s'étageant diagonalement les unes sur les autres pour former les dessins qu'on peut faire à l'aide de matériaux façonnés de dimensions fixes.

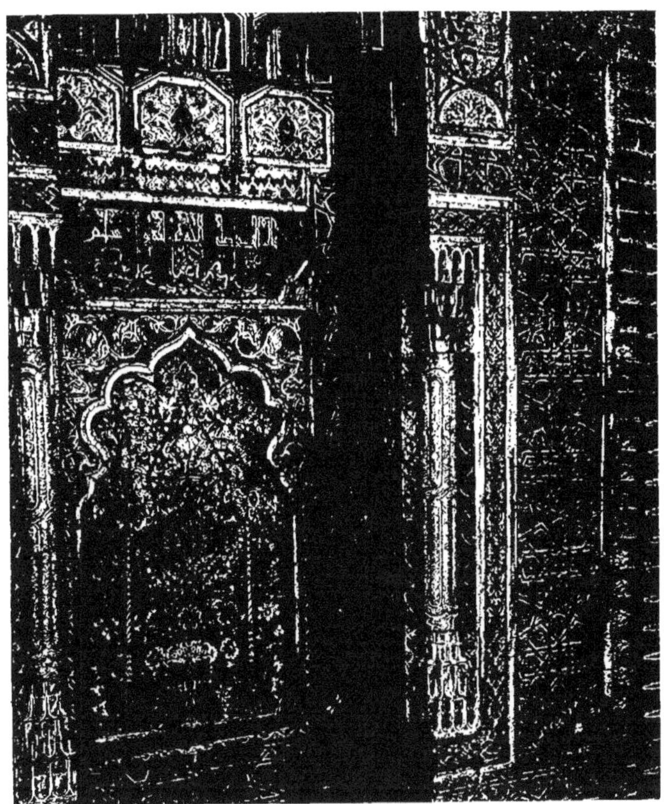

Fig. 56. — Mehrab de la mosquée d'Ahmed, à Constantinople.
Emploi des carreaux de faïence, avec dessins imitant ceux des mehrabs persans.

A la Médersa Tachfinia, apparaissent les carreaux de faïence analogues à ceux qu'on commençait à employer aussi au Caire et dans l'Asie musulmane. On les estampait dans des moules donnant par un léger relief les contours des entrelacs : c'était un moyen de circonscrire les applications d'émaux colorés. On obtenait ainsi dans la terre une sorte de cloisonné qui donnait un dessin très fin mais n'ayant pas le caractère de celui qui résultait des joints d'assemblage. Du xve au xvie siècle, l'emploi des carreaux se généralisait. A Jérusalem, le revêtement en faïence de l'extérieur de la mosquée d'Omar n'est pas antérieur au temps de Soliman, et une inscription, faisant partie des découpures de plâtre dans lesquelles sont montés des verres colorés, assigne aux travaux la date de 1528.

L'application du décor à plat sur le carreau, où l'ornement pouvait être dessiné par un simple trait de manganèse, suivant la tradition ancienne des céramistes égyptiens, facilitait la fabrication de ces beaux revêtements en faïence sur lesquels les motifs de décoration comprenant plusieurs carreaux se répétaient à intervalles réguliers.

Le mehrab de la mosquée d'Ahmed, à Constantinople, est décoré de carreaux de faïence dont les thèmes décoratifs sont encore ceux des mehrabs persans. On y voit figurer la lampe sacrée au milieu des rinceaux (fig. 56).

Au tombeau de Roxelane, dans le Suleïmanié, les carreaux des piédroits, arcs et tympans, forment une surface continue d'un extraordinaire éclat.

Le céramiste a l'ambition de représenter par la couleur sur les surfaces planes, les décorations qu'on réalisait autrefois par les reliefs et les panneaux plans dessinent des arcatures, au milieu desquelles des vases de fleurs répétés par bandes forment une frise d'une grande richesse. Ainsi est décoré le mehrab de la mosquée de Rustem-Pacha, premier mari de Mihri-Mah, fille de Suleïman Ier (fig. 57).

Le principe du décor est celui déjà signalé en Perse : c'est toujours une forme enveloppe garnie à l'intérieur d'une décoration délicate de fleurs de jacinthe ou d'œillets qui dessinent le jeu de fond et qui, dans le décor céramique, s'exécutaient souvent par enlèvage de la couche appliquée sur le fond, notamment pour les ornements à reflets métalliques qui exigeaient une seconde cuisson.

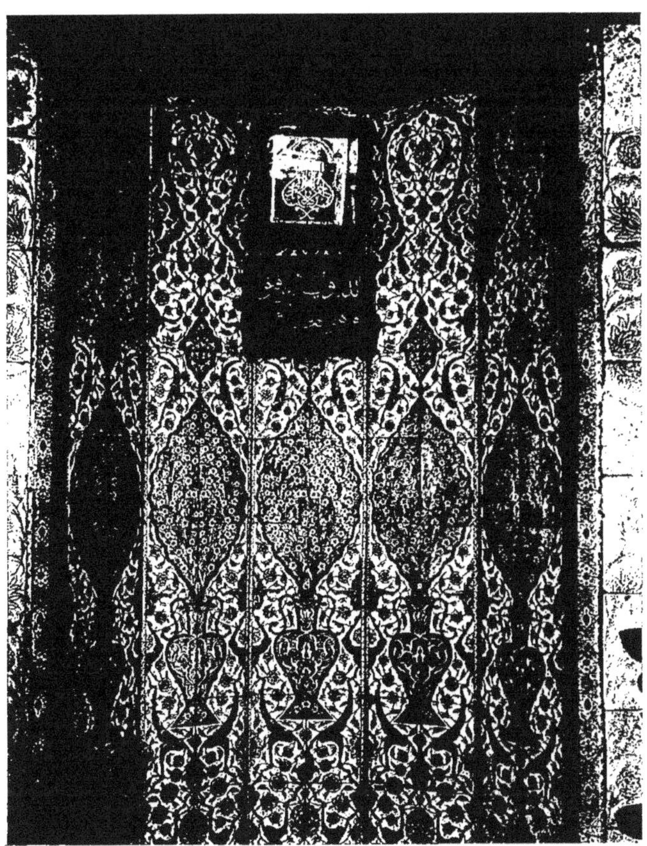

Fig. 57. — Mosquée de Rustem-pacha.
Revêtement de carreaux de faïence, imitant des tentures.

L'Orient a toujours été, au point de vue de la couleur, l'éducateur de l'Occident, et il est curieux de constater en France, sur les étoffes brochées du commencement du xviie siècle, l'emploi de grands motifs de palmettes à fond garni de fleurettes et de feuillages comparables à ceux des faïences des mosquées de Constantinople.

VII

CÉRAMIQUE OCCIDENTALE AU MOYEN AGE

Influences orientales. Céramique byzantine.
Céramique hispano-mauresque.

L'extraordinaire développement de la céramique dans l'architecture orientale s'explique par la rareté des matériaux lapidaires dans la vallée du Tigre et de l'Euphrate, qui semble avoir été le berceau de la civilisation asiatique. La mise en œuvre des matériaux façonnés avec l'argile séchée au soleil, durcie au feu et colorée par la glaçure ou l'émail, se prêtait à une décoration si brillante qu'elle fut préférée à toute autre, même sur les plateaux de l'Asie centrale, moins pauvres que la Mésopotamie en matériaux calcaires.

Il en fut autrement en Occident. La brique a bien été employée par les Romains sous l'Empire, mais comme un moyen accessoire de construction, facilitant l'incorporation dans des cellules formées par des chaînes ou des arcs de briques des matériaux agglomérés dont sont constitués les murs et les voûtes des édifices romains.

Si la brique a reçu à Rome d'autres applications, par exemple à la basilique de Constantin, au temple de Vénus et Rome ou au Panthéon, dont les voûtes dessinent des caissons formés par la construction des arcs de briques en retrait les uns des autres, c'est que l'art romain subissait à cette époque l'influence de l'art qui commençait à se développer dans l'empire d'Orient au contact des arts asiatiques.

Pour les murs que l'on construisait, dans l'empire grec, avec des moellons de fort échantillon, la brique, qui formait chaînage entre les rangs de moellons, avait de très larges joints et le mortier était assez épais pour avoir un rôle utile en même temps qu'un rôle décoratif dans le liaisonnement des matériaux. Ce mode de construction avait été employé dans la Gaule romaine (arc romain de Cahors, ruines du Palais Gallien à Bordeaux) et était encore usité à l'époque carolingienne. En Anjou, l'église Saint-Martin d'Angers et l'église de Savennières en conservent des témoins.

Pour la construction des voûtes, les Byzantins ont interprété avec une étonnante souplesse les méthodes imaginées en Chaldée, et maintenues par la tradition en Perse, pour l'élévation des premières assises de la voûte par encorbellement, et pour l'emploi de tranches inclinées facilitant par l'adhérence du mortier le montage sans cintres des voûtes construites en petits matériaux.

On voyait encore, en 1895, sur les flancs de l'Acropole d'Athènes, avant les remblais, de petites chapelles byzantines fournissant des exemples typiques de voussures de niches circulaires ou rectangulaires (fig. 58) réalisées par ces méthodes de tranches inclinées de briques qui rendaient les cintres inutiles.

Cependant les Byzantins n'ont pas poussé, comme les Persans, jusqu'à la conclusion logique de la voûte conique fermant la coupole, le système de l'encorbellement. Les architectes d'Asie Mineure, Anthemios de Tralles et Isidore de Milet, qui édifièrent à Sainte-Sophie de Constantinople une immense coupole de 33 mètres de diamètre, ont réalisé l'équilibre par la disposition savante de grandes niches sphériques, recevant les butées dans le sens longitudinal et de grands contreforts intérieurs, et résillonnés par les voûtes des tribunes dans le sens transversal, raccordant par des triangles sphériques que nous appelons « pendentifs », la coupole avec les arcs doubleaux et les piliers.

En Perse, le système le plus employé paraît avoir été celui

de la troupe conique ou sphérique et il semble que l'art grec chrétien, après de magnifiques applications des coupoles sur pendentifs au vi^e siècle, soit revenu, du xe au xie siècle, aux coupoles sur trompes, au moment où on eut l'idée d'élever la coupole sur tambour cylindrique pour faciliter l'ouverture de grandes

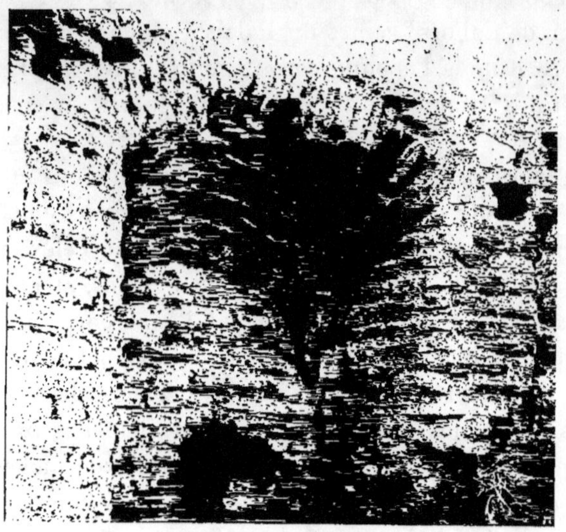

Fig. 58. — Construction en briques posées sans cintre d'une niche rectangulaire, dans l'une des chapelles byzantines édifiées sur les pentes de l'Acropole d'Athènes.

fenêtres dans ce tambour, en évitant la pénétration difficultueuse de ces fenêtres dans la base de la coupole.

C'est vers le xie siècle que s'opéra dans l'art byzantin une évolution que caractérisent les églises du Péloponèse et particulièrement celles qui furent édifiées à Mistra après l'établissement de principautés franques en Morée.

Le type de ces édifices est celui qui fut élevé en Phocide, au xie siècle, sous le vocable de saint Luc (Hosios Loukas) et qui comportait en arrière du narthex une salle en forme de croix grecque, couverte par une coupole centrale, que supportait un tambour soutenu par des trompes reposant sur huit piliers, entre lesquels étaient disposées des tribunes.

La même disposition existe dans l'église des SS. Théodores de Mistra (fig. 59), comprise dans le faubourg du Brontocheion. C'est un édifice en ruines qui a perdu à l'intérieur son revê-

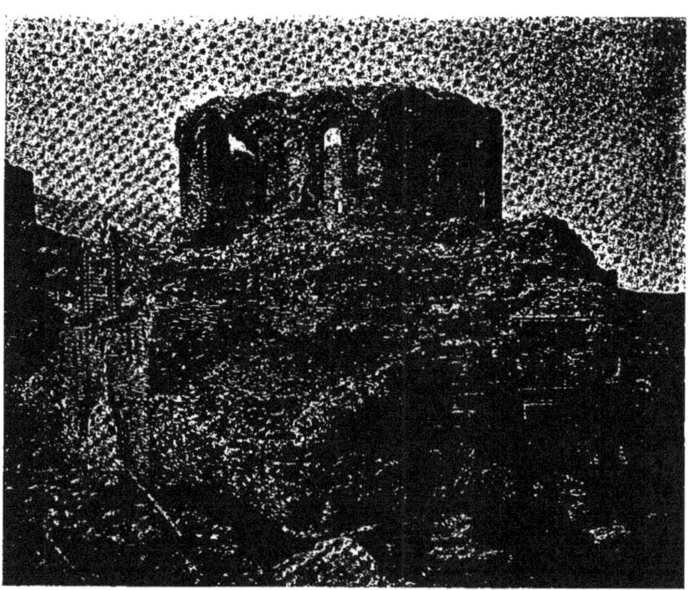

Fig. 59. — Tambour de la coupole de transept de l'église ruinée des saints Théodores, dans le faubourg du Brontocheion, à Mistra (Sparte).
Emploi décoratif de la pierre avec joints épais de mortier formant chaînage dans les murs en moellon d'appareil.

tement décoratif mais qui laisse bien voir la disposition très intéressante des huit piliers sur lesquels prennent appui les trompes qui soutiennent le tambour cylindrique actuellement découronné.

A l'extérieur, s'accusent trois absides, correspondant à la nef et aux bas-côtés, et dont le décor formé d'arcs et de chaînes de briques rend parfaitement compte des procédés de construction byzantins. La brique, très mince, est liaisonnée par un mortier très résistant accusant par de larges joints la construction : les joints sont plus épais que la brique et ont un rôle important dans la décoration, aussi bien pour les parements de pierre que pour les chaînes de briques qui les relient : ces chaînes sont formées de trois rangées de briques, celle du haut et celle du bas posées à plat ; celle intermédiaire, formée de briques posées sur l'angle, constitue un ornement par alternance de lumière et d'ombre. Le même motif de décoration est appliqué aux archivoltes des huit baies et des huit niches du tambour de la coupole.

Dans une très modeste église du même faubourg, l'Evanguelistria, le parti décoratif de la brique est un peu différent : elle accuse, par sa couleur, les joints horizontaux et verticaux des assises de la pierre, dorée par le soleil.

Tous ces édifices sont couverts en tuiles creuses et la couverture reposait directement sur la voûte ou plutôt sur la chape en mortier qui la recouvrait.

Il y a lieu de remarquer l'extrême logique des formes décoratives de ces édifices qui sont l'expression très sincère de la construction même. Ainsi chaque abside a sa couverture en tuiles appuyée sur les pignons du chœur et les demi-pignons de bas-côtés. Sur le transept, le plan carré s'accuse, à l'extérieur, juste assez pour donner appui sur les murs aux combles des nefs et c'est par un simple glacis de tuiles que se fait l'amortissement, sur le plan carré, du tambour circulaire portant la coupole, dont les baies sont abritées par des arcs saillants, sur lesquels se prolonge la couverture. De cette disposition rationnelle résulte un effet très pittoresque, et il est certain que les architectes de Mistra appliquaient au xiiie siècle des méthodes de construction que la tradition maintenait depuis plusieurs centaines d'années dans l'art grec et qui avaient été développées dans nos écoles d'Auvergne et de Bourgogne, ainsi qu'en témoignent les absides des églises de Paray-le-Monial, de

Saint-Hilaire de Poitiers, de N.-D. du Port de Clermont ou d'Orcival.

Une autre église en ruines de Mistra, la Panaghia du Brontocheion, montre la persistance dans l'art byzantin de l'emploi du

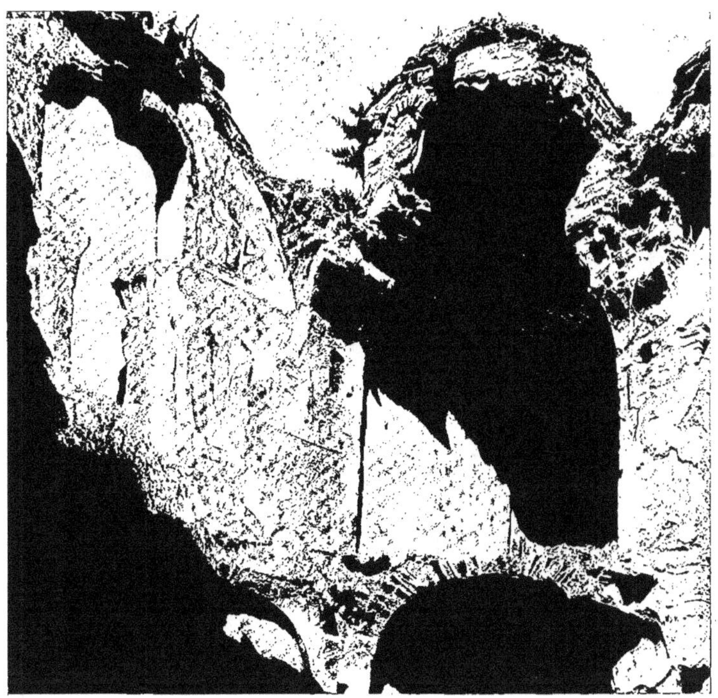

Fig. 60. — Arrachement d'une petite coupole
de l'église de la Panaghia du Brontocheion, à Mistra.

pendentif pour de petites coupoles construites par tranches coniques, rendant inutile l'emploi des cintres (fig. 60). Ce mode de construction est aussi apparent dans les voûtes de bas-côté, reposant sur des colonnes, que dans les coupoles secondaires élevées sur des tribunes et accompagnant la coupole centrale.

Cette église offre d'ailleurs sur sa façade latérale de très intéressantes combinaisons de briques décoratives formant double

rangée d'arcatures, dont les tympans sont ornés de briques posées
en chevrons (fig. 61). Partout où la brique forme couronnement
sous les toitures, elle est portée en saillie par une rangée de
briques posées sur l'angle et donnant ainsi des facettes, les

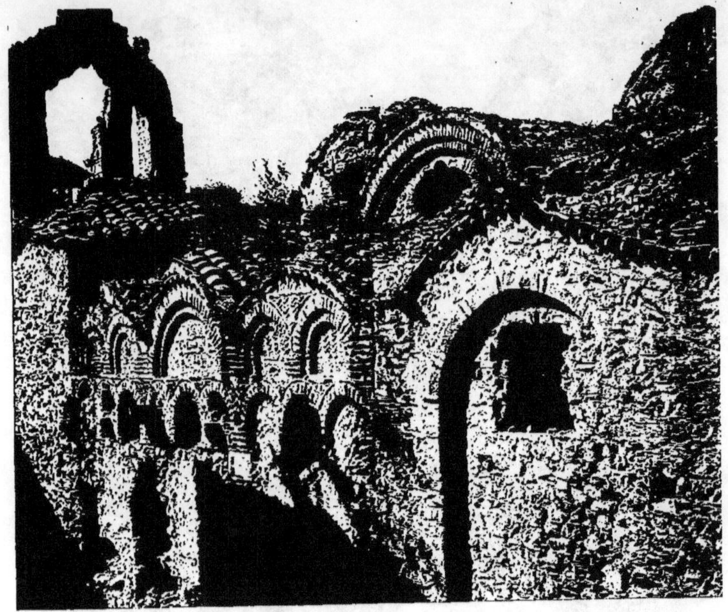

Fig. 61. — Façade latérale de l'église de la Panaghia, à Mistra.
Décor de briques apparentes.

unes dans la lumière, les autres dans l'ombre, qui enrichissent
le couronnement des murs ou des arcs.

Plusieurs des églises de Mistra offrent un singulier compromis
entre les deux types d'églises chrétiennes, la basilique et l'église
à coupoles. Les trois nefs sont divisées, comme dans les basiliques,
par des files de colonnes qui, de deux en deux travées, se prolongent par des piles dans la hauteur des tribunes, reconstituant
le plan carré de coupoles contrebutées par quatre berceaux,

deux correspondant à la nef et deux traversaux au-dessus des bas-côtés. Dans les quatre angles entre les berceaux sont, au-dessus des tribunes, quatre petites coupoles visibles extérieurement. A aucune époque il n'y a eu concordance plus absolue entre

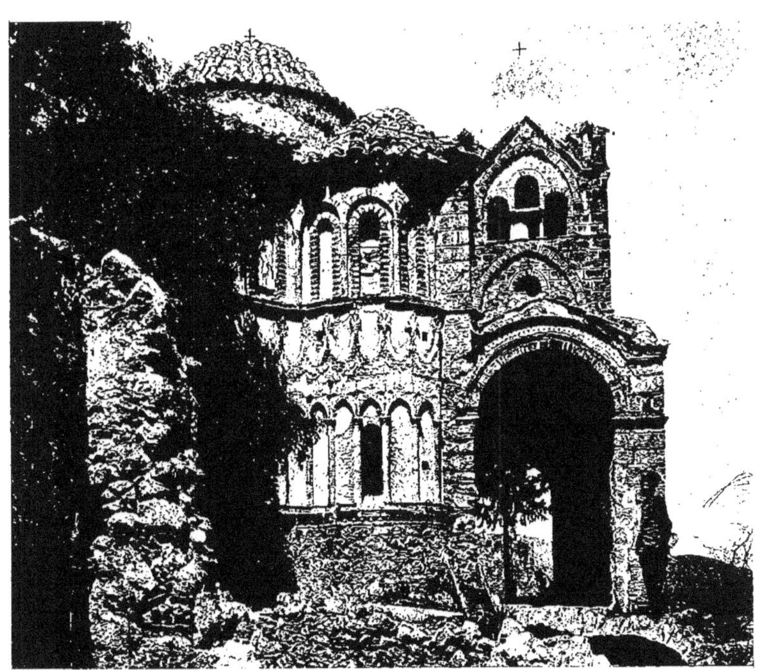

Fig. 62. — Abside de la Pantanassa de Mistra. Clocher analogue aux clochers français du xiie siècle, dans une église byzantine du commencement du xve.

l'ordonnance intérieure et l'ordonnance extérieure d'un édifice.

Le plan basilical de l'église à coupoles est particulier aux grandes églises de Mistra, à la Panaghia du Brontocheion, à la Métropole et la Pantanassa.

La Pantanassa est le plus important de ces édifices et l'un des derniers en date, s'il est bien établi que l'église fut construite en 1427. Elle a sa façade flanquée d'un clocher qui, par ses deux étages de baies triples, ses pignons, ses amortissements à la base de la flèche, a quelque analogie avec les clochers de l'Auvergne et du Périgord (fig. 62). Les arcs de butée sont apparents sur la façade principale, accusant les grands berceaux.

Les arcatures de l'abside révèlent une influence étrangère en même temps qu'une décadence de l'art byzantin qu'atteste la rudesse des sculptures des chapiteaux de la galerie du Nord, dont les voûtes sont encore des coupoles.

C'est à la Théotokos et à la grande église de Saint-Luc de Phocide que sont le mieux accusées ces concordances entre la structure et le décor du monument (fig. 63). Les arcs de briques qui, à l'extérieur, prolongent les berceaux de butée, sont reçus par des piles saillantes tandis que les baies garnies d'arcatures reposant sur des colonnettes ne forment, sous ces grands arcs, que des remplissages.

Comme dans les églises de Mistra, les absides, qui sont ici polygonales à l'extérieur, ont leur couverture appuyée sur des pignons et les toitures des nefs s'amortissent sur les murs carrés du transept qui saillissent assez pour dégager par des glacis le tambour octogonal de la coupole.

Malgré les dégradations subies, ces œuvres fournissent sur l'architecture en général et sur l'emploi de la brique dans l'architecture les plus précieux enseignements.

Il est intéressant de comparer cette évolution de l'art byzantin en Grèce, du xie au xive siècle, à celle de l'art arabe et de l'art mauresque en Espagne durant la même période. Car bien qu'ayant même origine, l'école byzantine et l'école arabe ont divergé assez rapidement pour qu'il soit difficile de distinguer les éléments qui leur sont demeurés communs.

Les dispositions primitives des mosquées arabes avaient été conservées à Cordoue, lors de la fondation du Kalifat d'Occident après le meurtre du dernier kalife Ommiade.

La mosquée de Cordoue, commencée par Abd-er-Raman et continuée par son fils Hescham, fut le noyau d'un édifice beaucoup plus important dans lequel apparaît un système de construction très original, celui d'arcs entretoisant des piliers qui, portés sur des colonnes, soutiennent un plafond en charpente.

Les files de colonnes de la mosquée de Cordoue forment dix-

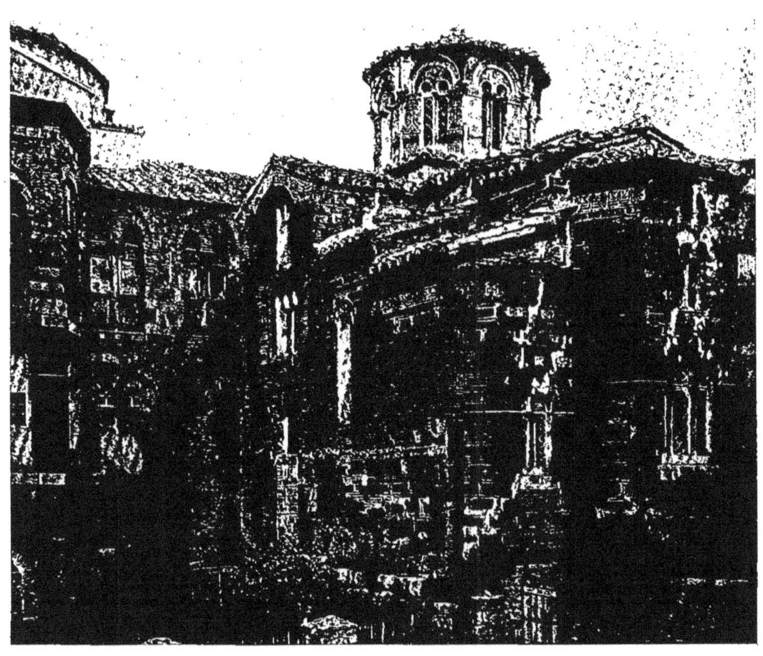

Fig. 63. — Église de la Theotokos, et une partie de la grande église, à Saint-Luc de Phocide. XVᵉ siècle.
Concordance caractéristique de la structure et du décor.

neuf allées s'ouvrant sur une cour. Onze font partie des constructions primitives, tout au moins de celles qui furent complétées au xᵉ siècle sous Al-Hakem II, et dont dépendaient la kebla et le mirhab, les merveilles de la mosquée. Il est à remarquer que ces ouvrages enrichis de marbres sculptés en broderies, assimilables à des clôtures d'iconostases, et aussi de rinceaux à dessins persans sculptés dans les tympans d'arcs, dont les claveaux sont décorés par la mosaïque d'émail, semblent révéler les deux origines de la décoration musulmane. Les huit travées ajoutées dateraient seulement du règne d'Al-Manzor (xiᵉ siècle).

Les arcs des galeries ont été quelque peu dénaturés par de maladroites restaurations, mais les portes extérieures conservées intactes nous font connaître un parti décoratif fort curieux résultant de la juxtaposition de sculptures très brillantes, découpées dans le plâtre, et de mosaïques de terre cuite accusent les claveaux des arcs ou les encadrements des portes (fig. 64).

Ainsi, bien que la révolution qui substitua les Abbassides aux Ommiades eût séparé en apparence les Arabes d'Occident des Arabes d'Orient, l'influence de l'art persan est manifeste dans les monuments de l'Espagne et il est probable que cette influence s'est exercée par le contact permanent en Afrique des populations musulmanes d'origine asiatique et des Berbères qui avaient participé, avec les Arabes, à la conquête de l'Espagne.

Il y a même lieu de signaler la disposition particulière des arcs entrecroisés soutenant une coupole nervée, qui caractérise la voûte de la Kébla de Cordoue, comme aussi la voûte ancienne d'un édifice de Tolède qui fut peut-être primitivement une mosquée, l'église Cristo de la Luz. On ne retrouve guère de dispositions analogues qu'en Arménie, notamment à la chapelle d'Akhpat.

L'art asiatique s'était propagé dans l'Afrique septentrionale dès le ixᵉ siècle et son influence grandissait au xiiᵉ siècle, à l'époque où les Turcs Seldjoucides, maîtres de la Perse et de la Syrie, élevaient de magnifiques édifices à Konieh, Alep et Damas. C'est d'ailleurs aux sultans Eyoubites et Mamelucks qu'était due la nouvelle impulsion donnée en Égypte à l'art musulman.

Le Maghreb demeura d'abord sous la protection des Kalifes de Cordoue, mais le morcellement de l'Espagne en royaumes indépendants mettait en péril la domination arabe et c'est l'Afrique qui fournit à l'Islamisme de nouveaux défenseurs.

Les Almoravides (Marabouts) qui avaient fondé Maroc et occupé
Fez et Tanger, appelés en Espagne par les rois de Séville et de
Grenade, conquirent les royaumes qu'ils venaient défendre.

C'est sous les Almoravides et sous les Almohades, leurs suc-

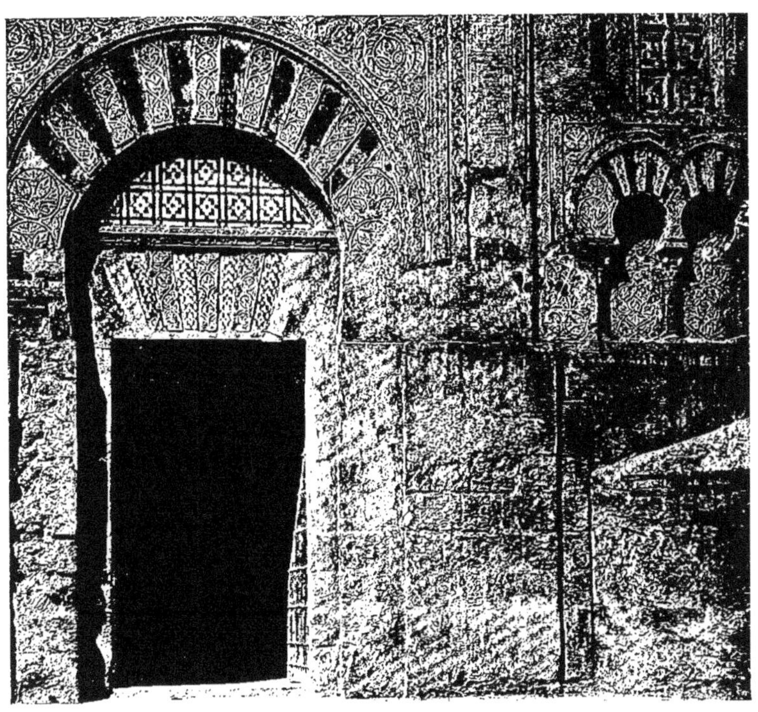

Fig. 64. — Porte extérieure de la mosquée de Cordoue.
Mosaïque de petits éléments de terre cuite, et rinceaux en stuc refouillé.

cesseurs, que furent édifiés en Espagne les plus beaux monuments de l'art mauresque. C'était à Cordoue, dans l'intérieur
de la mosquée, la tribune de l'Alatama (fig. 65) transformée en
chapelle au xvi⁰ siècle, lorsque l'on eut l'idée singulière d'ériger
une cathédrale dans la partie centrale de la mosquée. C'était le
minaret élevé à Séville par Yacoub, comparables à ceux de Tlemcen, mais surmonté par un beffroi au xvi⁰ siècle. C'était encore

à Séville l'Alcazar dont subsiste l'ancienne salle des Ambassadeurs, limitée par quatre arcs encadrant chacun une triple arcature que soutiennent des colonnes de marbre, et dont les soubassements sont revêtus, à l'imitation des monuments de la Perse, d'une mosaïque de terre émaillée.

Cependant les musulmans étaient refoulés partout par les chrétiens. Les Vénitiens leur enlevaient Candie, les Normands occupaient la Sicile, les rois de Castille et de Léon envahissaient l'Andalousie, et après les victoires de Ferdinand III, Mohamed-al-Hamar, vaincu à Alcala, lui faisait hommage de ses domaines qui s'étendaient d'Algésiras à Alméria. L'Alhambra de Grenade, le palais d'Al-Hamar, bien qu'ayant à l'extérieur, avec ses tours de briques, l'aspect d'une forteresse mitigé par le décor en mosaïque de terre cuite des portes, notamment de la porte du Vin, demeure le témoin d'une civilisation élégante et raffinée qui s'imposait même au vainqueur. Tout est disposé pour le plaisir des yeux dans ce palais rappelant l'éclat du royaume de Grenade qui pendant plus de deux siècles (1238-1493) fut le pays le plus prospère d'Occident.

Le palais a été mutilé au temps de Charles-Quint par la démolition d'une des ailes que remplaça un palais de style classique demeuré inachevé ; mais, malgré cette mutilation, l'Alhambra demeure une œuvre unique, caractérisant mieux que toute autre les délicatesses de l'art mauresque. Le Patio de los Arrayanes, ou cour des Myrtes, occupait le centre du palais. Sur cette cour s'ouvrait la grande salle des Ambassadeurs destinée, suivant la tradition orientale, aux réceptions solennelles. Elle tire son effet des mosaïques de terre cuite qui en décorent le soubassement et des merveilleux ornements de stuc profondément refouillé par la sculpture, qui revêtent complètement ces murs. Dans l'épaisseur des murs sont de petites loges ou « miradors » ayant des vues sur la campagne : ils s'ouvrent par des arcatures simples ou doubles que surmontent de petites baies garnies de claustra finement ajourées. On pénètre par un passage de la cour des Myrtes dans le patio des Lions dont les portiques, formés de colonnes de marbre aux tons dorés, soutiennent des arcs enrichis d'une véritable guipure de stucs ajourés au travers desquels le soleil couchant laisse filtrer des rayons d'or (fig. 66).

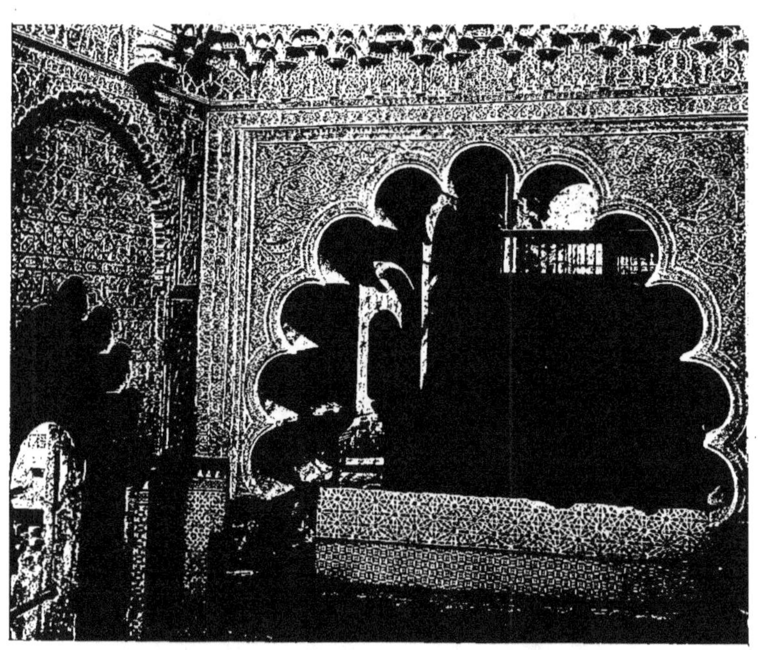

Fig. 65. — Tribune de l'Alatama, à la Mosquée de Cordoue.
Arcatures festonnées décorées de rinceaux de stuc, et soubassement en mosaïque
de céramique émaillée.

La cour est rectangulaire, le fond en est occupé par la salle dite « de Justice » divisée par des pilliers en trois travées égales couvertes par des coupoles et aboutissant à trois niches dont les voûtes ont conservé d'intéressantes peintures.

Au centre de la cour, à l'est et à l'ouest, les portiques font saillie sur le patio et entourent de chaque côté une fontaine jaillissante.

Au milieu de chacun des deux grands côtés de la cour s'ouvrent sous les portiques deux salles symétriques, celle dite des Deux Sœurs au nord, celle dite des Abencerages au sud. Les faïences de soubassement de la salle des Abencerages sont des carreaux

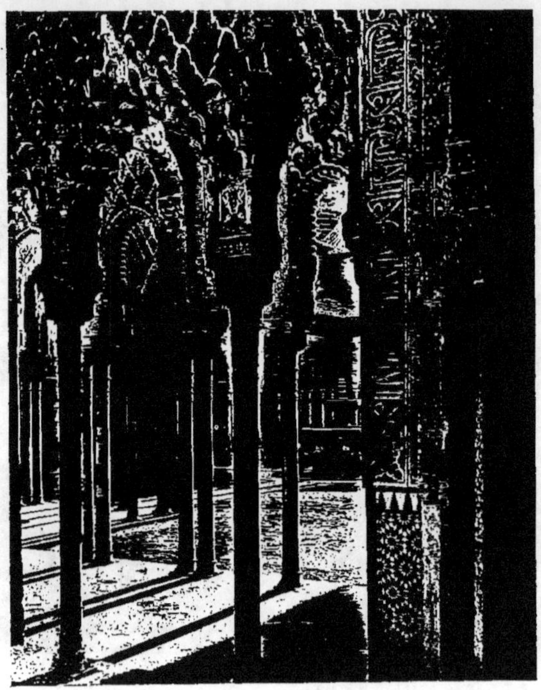

Fig. 66. — Intérieur du Patio des Lions, à l'Alhambra de Grenade.

refaits au temps de Charles-Quint. La salle des Deux Sœurs a conservé intact son décor de mosaïques formées de l'assemblage de pièces émaillées dont les tons sont le blanc, le noir, le bleu azuré, le vert et le jaune (fig. 67).

A la suite de la salle des Deux Sœurs sont des salles secondaires ouvertes sur les jardins qui occupent la cour basse dite de Lindaraja (du nom d'une favorite).

Le mirador de Lindaraja est d'une prodigieuse richesse ; l'arc
de ce mirador et le tympan qui l'accompagne forment un
ensemble décoratif qu'on ne peut s'empêcher d'admirer, à cause
des oppositions charmantes que l'artiste a su ménager entre les

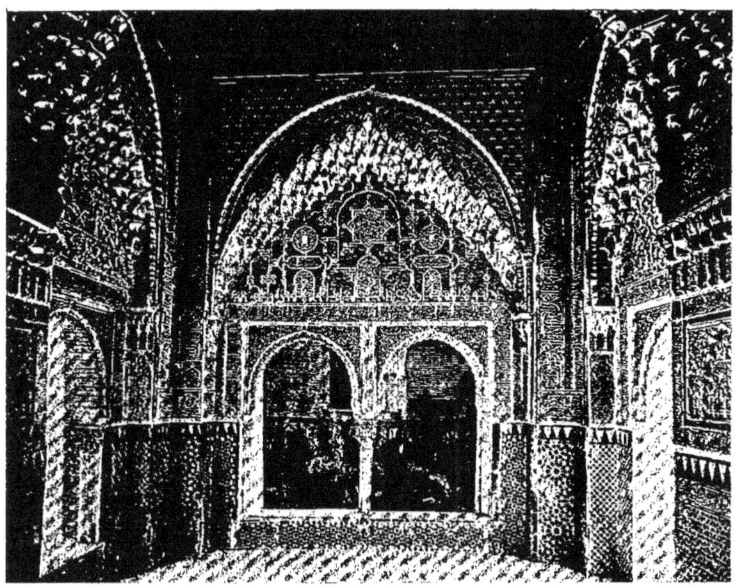

Fig. 67. — Salle des Deux Sœurs et Mirador de Lindajara, dans l'Alhambra de Grenade.
Marqueterie de terre émaillée dans le soubassement ; ornements en stuc au-dessus.

éléments décoratifs des bordures, les grandes inscriptions des
versets du Koran, les jeux de fonds qui les garnissent et les compartiments linéaires des panneaux.

La marqueterie de terre émaillée, quoique très variée, a toujours le même principe, celui de combinaisons de figures formées par des lignes répétées symétriquement par rapport à des
axes. Que l'ornement s'inspire de la fleur ouverte, étalant ses
pétales, ou qu'il dérive simplement d'un tracé de lanières droites
ou courbes s'entrecroisant, toute la composition est subordonnée

aux lignes générales de construction. Dans la mosaïque de terre émaillée chaque petit élément du décor est isolé, moulé, ajusté et émaillé à part. La terre le réalise en maigre à l'intérieur, afin que les petits éléments de cette mosaïque s'ajustent avec précision et que, pour la pose sur mortier, le démaigrissement de la pièce laisse la place nécessaire à la matière de liaisonnement, qui assure l'adhérence des différentes pièces entre elles et au mur qu'elles revêtent.

Plus tard, dans les ateliers espagnols on trouva plus simple de réaliser tout le dessin à échelle réduite sur des carreaux. Une cloison à peine saillante, ou un simple trait, servait à localiser les émaux de couleur différente, et comme les carreaux étaient cuits à plat, les fusions et confusions d'émaux n'étaient pas à redouter ; mais l'effet obtenu était différent et cela résultait aussi bien de la différence d'échelle des dessins que de l'absence des joints qui, dans la mosaïque, suivaient les contours et affirmaient le dessin.

Le plus souvent, dans les mosaïques de terre émaillée de l'Alhambra, le soubassement est couronné par une sorte de crénelage à redans alternés blancs et noirs, encadrés de deux bandes jaunes ou vertes. Par le bas est un champ uni de ton foncé, formant plinthe, et si la muraille a des ressauts, ces ressauts sont souvent accusés par un champ d'encadrement, de telle sorte que la marqueterie de terre émaillée remplisse un panneau bien défini.

En général, les dessins, même très fins, se rattachent à de grands compartiments qui en rendent la lecture aisée à distance. Parfois, comme on le voit dans le salle sur laquelle s'ouvre le mirador de Lindaraja, une frise de terre émaillée, chargée d'inscriptions, s'intercale entre le panneau et le couronnement crénelé. Dans la salle des Deux Sœurs, les soubassements de faïences dessinent des entrelacs très fins qui s'harmonisent parfaitement avec les décorations de relief des panneaux de stuc.

C'est dans la salle des Deux Sœurs qu'est exposé le célèbre
vase dit de l'Alhambra, dépossédé d'une de ses anses par un acte
de vandalisme, mais assez bien conservé encore pour prouver à

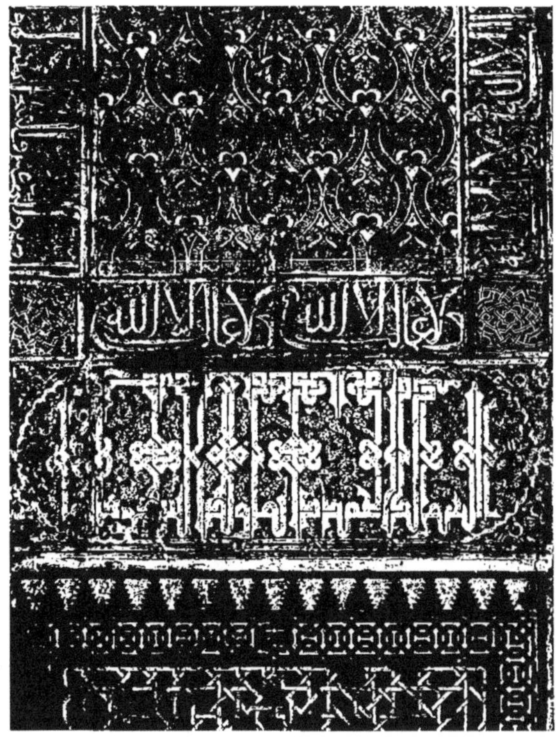

Fig. 68. — Soubassement de céramique émaillée avec stuc au-dessus,
dans le Salon des Ambassadeurs, à l'Alhambra de Grenade.

quelles dimensions pouvaient être exécutés par les céramistes
du xivᵉ siècle les grands vases à reflets métalliques.

L'une des plus somptueuses décorations aussi bien pour les
stucs ornés que pour les mosaïques de faïence est celle du Salon
des Ambassadeurs (fig. 68). La faïence est toujours couronnée
par une sorte de crénelage ; mais entre le panneau d'entrelacs et

le crénelage court une bande ornée qui se retourne verticalement pour bien encadrer chaque panneau de mosaïque de terre cuite.

Les vues prises de l'intérieur de la salle des Deux Sœurs vers le patio des Lions permettent d'apprécier le sentiment affiné d'art des créateurs du palais de l'Alhambra, les proportions charmantes des différentes parties de l'œuvre et l'harmonie des détails de la décoration. C'est encore l'impression que l'on éprouve lorsque, sous les avancées du portique aux sveltes colonnettes de marbre on embrasse d'un coup d'œil le patio des Lions et qu'on jouit des gracieuses perspectives de ses portiques.

Jusqu'au milieu du XVIe siècle, l'art mauresque n'a cessé d'influencer l'art espagnol. Sans parler de monuments d'origine mauresque, tels que la tour de la Giralda de Séville (fig. 69), il est incontestable que les arcatures des édifices arabes hantaient l'imagination de l'architecte, français peut-être, qui construisait au XIIIe siècle à Tolède une cathédrale inspirée de celle de Bourges.

La brique a joué un grand rôle dans les monuments espagnols au XIVe siècle et bien antérieurement. A la petite église Cristo de la Luz, la brique fournit tout le décor d'une façade : ce sont des arcs, saillant sur le parement, qui s'entrecroisent ; c'est un cadre de briques, posées en bandes droites et en dents de scie, qui limite un panneau de briques, se recoupant diagonalement pour former dessins ; c'est une frise d'inscription au-dessus de laquelle saillit une corniche à modillons de briques. Tout ce décor évoque le souvenir des décorations de briques des monuments byzantins et des monuments persans.

Les arcatures à festons de briques qui décorent la partie haute de la Puerta del Sol à Tolède suivent la tradition des monuments mauresques.

Il en est de même à Saragosse où les parements de l'abside de la Seo sont encore formés de mosaïques de terre cuite, et où

sur terres dures de carrelages en mosaïques de céramique, assimilables aux mosaïques de revêtement des édifices persans ou mauresques, mais dont les émaux, comparables à ceux de Palissy, ne sont pas des émaux couvrants à base d'étain.

Il n'en était pas de même pour les carrelages du duc de Berry qui avait fait appeler à Poitiers un Sarrazin, c'est-à-dire un Maure de Valence, habitué à la pratique des émaux stannifères.

La description donnée dans les comptes du palais de Poitiers que j'ai publiés, montre bien qu'à Poitiers, si le carrelage était formé, comme à Saumur, de pièces formant mosaïque, on y employait les émaux à base d'étain, comme le fait a pu être vérifié, après la découverte dans les remblais provenant de l'ancien palais, de fragments, à bords circulaires, d'une pièce portant une fleur de lys blanche légèrement irisée sur fond bleu. Le fond bleu des fragments découverts est piqué, comme s'il y avait eu excès de cuisson et peut-être la fleur de lys devait-elle recevoir une couverte à reflets métalliques dont la réduction a été imparfaite. En tous cas, la description des comptes dans laquelle sont mentionnés les achats de plomb, d'étain et de sel, ainsi que ceux de safre (cobalt) et de « limail » pour le « vert et or » des carreaux ne laisse aucun doute sur l'introduction en France, à la fin du xiv⁰ siècle, des procédés de fabrication usités dans l'art musulman pour les faïences à émaux stannifères et à reflets mordorés.

Dans les régions d'argile plastique, comme le Beauvaisis et la Bourgogne, la fabrication du grès, qui est fort ancienne, avait donné lieu de bonne heure à des essais de vernissage d'autant plus aisé à obtenir qu'à la température de cuisson des grès dans les fours au bois, se produit naturellement une vitrification superficielle, qu'on réalise artificiellement en projetant du sel marin dans les fours à grès. C'est le moyen usité encore actuellement pour le vernissage des grès.

Il ne semble pas cependant que ce procédé ait été étendu

aux carrelages pour lesquels, à la fin du xvi⁰ siècle, ainsi que l'ont démontré les découvertes faites au château de Saumur, on cherchait à tirer parti des qualités et des colorations différentes des terres pour obtenir, par le vernissage au plomb ou par l'émaillage à l'aide de silicates alcalins colorés par des oxydes métalliques, les variétés de couleur nécessaires à l'effet décoratif. On employa pendant plusieurs siècles, du xiii⁰ au xv⁰, le procédé d'exécution par estampage des alvéoles qui, dans les pièces de terre rouge à décorer, devaient recevoir la terre blanche formant le décor.

Nous ignorons actuellement si les essais de carrelages à décor stannifères, faits pour le duc de Berry à Poitiers, à la fin du xiv⁰ siècle, furent repris avant le xvi⁰ siècle. Il est possible que les guerres anglaises et les guerres civiles qui désolèrent la France au début du xv⁰ siècle aient ralenti, sinon arrêté, les progrès de la céramique en France.

Les carrelages conservés du xvi⁰ siècle sont encore assez nombreux. Il en existait d'admirables dans le chœur de l'église de Brou, formant un ensemble décoratif dans lequel étaient compris des médaillons à figures présentées de profil comme sur les plats de fabrication italienne.

A Villeloin (Indre-et-Loire), dans des dépendances de l'ancienne abbaye de Villiers, existe encore un fort beau carrelage dont le centre est occupé par un écusson inséré dans un cercle qu'entourent des pièces concentriques chargées de l'inscription *Deum time*. De cette pièce centrale partent des bandes se croisant à angle droit et qui sont, comme celles des carrelages du xiv⁰ siècle, formées de pièces assemblées les unes dans les autres et dont les joints accentuent le dessin. Ces bandes encadrent de grands panneaux formés de carreaux en losanges sur lesquels des armoiries et des chiffres alternent avec des fleurs de lys couronnées.

La tradition française s'était donc maintenue jusqu'au

xvi⁰ siècle avec l'emploi des terres de colorations différentes participant au décor des émaux.

Cependant les émaux à base d'étain, introduits par les Arabes en Espagne et employés dans les fabriques italiennes à la fin du xv⁰ siècle, étaient en faveur en France dès le commencement du xvi⁰ siècle, ainsi qu'en témoigne la fabrication faite à Rouen par Masseot Abaquesne, de 1542 à 1545, pour le connétable Anne de Montmorency, des carreaux de faïence enrichis d'armoiries et de devises encadrées dans des guirlandes de fruits et de feuillage, qui formaient les dallages de la salle des Gardes au château d'Écouen.

Le procédé de fabrication est celui qui avait été importé d'Orient en Europe : il consistait dans l'apposition sur la terre de l'émail stannifère cru, sur lequel la matière colorante remplissait les contours d'un dessin ; l'émail était utilisé comme support du décor et comme fondant ; la fusion de la matière colorante dans l'émail entraînait quelque indécision dans les contours. Un autre procédé avait été employé, celui qui consistait à exécuter le décor en posant les oxydes colorants sur engobe et à obtenir la glaçure par une couverte transparente de silicate alcalin ou plombeux.

On avait aussi essayé d'obtenir le décor en creux par dépôts inégaux d'un émail monochrome sur la terre estampée dans un moule. Par l'usure, les carreaux ainsi nuancés ont repris, dans les parties saillantes formant cloisons, le ton rosé de la terre, ne conservant l'émail que dans les creux.

Ce parti décoratif, dans lequel l'estampage donnait un cloisonné pour la localisation des émaux, a été constamment employé en Espagne, dès la fin du xv⁰ siècle. On y répétait les compositions arabes à entrelacs des mosaïques de terre cuite en réunissant sur un carreau les petits éléments de cette mosaïque et en accentuant les contours, non plus par les joints, mais par le cloisonné de la terre.

Les patios des maisons de Tolède aussi bien que ceux de quelques maisons de Séville conservent encore ces décorations très séduisantes par l'éclat et en même temps par l'harmonie des couleurs, car on maintenait encore les tonalités des émaux mauresques, le blanc, le noir, le vert, le jaune orangé.

Ce procédé a été rarement employé en France. Lorsqu'on a commencé dans le Poitou à faire usage des terres blanches, beaucoup plus fines, ayant quelque analogie avec la terre de pipe, on les a couvertes par l'émail blanc stannifère sur lequel on a dessiné en bleu ou en jaune orangé des ornements linéaires, des chiffres ou des arabesques. C'est la disposition des carrelages qui ornaient jadis la chapelle du château d'Oiron avec la devise *Hic terminus hæret* dont chaque lettre décore un carreau ; mais le plus souvent la matière colorante était posée sur l'émail stannifère cru et fondue avec lui. On passait les pièces à un ou deux feux, suivant qu'il y avait ou non différence de température de cuisson de la terre et de sa couverte : il est désirable que la température soit la même et surtout que le retrait soit le même.

L'une des difficultés de la glaçure ou de l'émaillage est en effet la différence de contraction entre la terre et sa couverte. C'est la cause des gerçures ou tressaillures qui se produisent, déterminant à la longue des éclats, surtout lorsque la pièce est exposée à l'air ; en se détachant par éclats de son support, la glaçure laisse la terre exposée aux intempéries.

Ainsi ont été désorganisées la plupart des couvertures en tuiles émaillées, dont le grand charme était dû à l'emploi d'émaux assez transparents pour donner des variétés de tons résultant des colorations différentes de la terre. On attache beaucoup trop d'importance, de nos jours, à l'uniformité du ton d'émail. Pour l'obtenir on engobe généralement les pièces qui doivent être émaillées et on crée ainsi un obstacle à l'adhérence de l'émail et de la terre.

D'autre part, le façonnage mécanique de la terre produit un feuilletage nuisible à sa conservation, parce que les pièces ainsi feuilletées s'écaillent lorsque la gelée agit sur elles tout imprégnées d'humidité. De nos jours, des tuiles émaillées en terre sableuse molle, fabriquées à la main dans de petites tuileries de Bourgogne, comme celle de Pont-de-Vaux, ont mieux pris l'émail que les tuiles mécaniques de Chalon ou de Montchanin et ont mieux résisté aux intempéries.

Les tons d'émail des tuiles sont ceux qu'on employait pour les carrelages, du XIVe au XVe siècle. Les glaçures rouges et brunes sont les plus résistantes : les glaçures vertes et jaunes s'écaillent plus aisément et on n'a paré que par tâtonnements à ce défaut grave qui s'est manifesté dès les premiers essais de juxtaposition ou de superposition de pâtes diversement colorées ayant des retraits différents. On employait au Moyen Age l'alquifoux (mélange de galène et de silice à parties égales) pour le vernissage des tuiles.

Il semble qu'à partir du XVIIe siècle, l'usage des parquets recouverts de tapis orientaux ou de tapis de haute laine fabriqués en France, ait eu pour conséquence l'abandon des carrelages émaillés. En même temps, l'imitation de l'architecture italienne et des couvertures en terrasse faisait abandonner les hautes toitures qu'on avait cherché à enrichir par le façonnage et l'émaillage des tuiles, des arêtiers, crêtes et poinçons ornés.

Le progrès réalisé consista surtout, au XVIIe siècle, dans l'emploi de pâtes dures caractérisées par une texture plus fine et par un ton blanc opaque. Les faïences fines d'Oiron ou de Saint-Porchaire caractérisaient déjà, au XVIe siècle, cette catégorie de produits céramiques qui exclut presque complètement l'emploi de la chaux, l'argile plastique étant additionnée de silex ou de quartz finement broyé, mais les applications de ce nouveau produit furent faites surtout à la vaisselle et il est nécessaire d'étudier auparavant le décor des faïences qui, du XVe au XVIIe siècle, a donné lieu à de nouvelles dispositions du décor des poteries, et à des applications originales de la céramique à l'architecture surtout en Italie.

X

APPLICATION DE LA TERRE ÉMAILLÉE
A LA SCULPTURE

Luca della Robbia et son école. — Bernard Palissy.

L'emploi de la brique dans l'architecture italienne, comme dans l'architecture espagnole, avait donné lieu, du XIIIe au XIVe siècle, à de très intéressantes combinaisons, dérivant de celles qui avaient été imaginées en France et qui réalisaient une concordance absolue entre la structure et le décor. Par exemple, dans l'architecture religieuse, l'église San-Lorenzo de Vicence, l'église dei Frari et l'église San-Giovanni e Paolo de Venise, dans l'architecture civile, les maisons du Borgo stretto à Pise, le palais Agostini au Longarno dans la même ville (fig. 90), le palais Guinigi à Lucques, les maisons de San-Gemignano accusent franchement par une ossature de contreforts et d'arcs, les retombées des voûtes ou les portées des planchers et dans cette ossature s'intercalent les remplissages de pierre ou de marbre qui subdivisent les baies des façades. On se préoccupa d'enrichir par des pièces décorées, obtenues par le moulage, les archivoltes des baies, les cordons des appuis et on ménagea dans la construction les alvéoles qui devaient les recevoir. Ainsi réalisa-t-on l'harmonie entre cette céramique décorative et les fines colonnettes de marbre qui garnissent les claires-voies des fenêtres.

Ce ne sont plus les grands et simples effets qu'on tirait de la composition architecturale des clochers toulousains, c'est une architecture plus délicate qui, tout en conservant la structure des monuments du Moyen Age, lui applique une décoration plus souple, s'harmonisant avec le luxe du costume et du mobilier

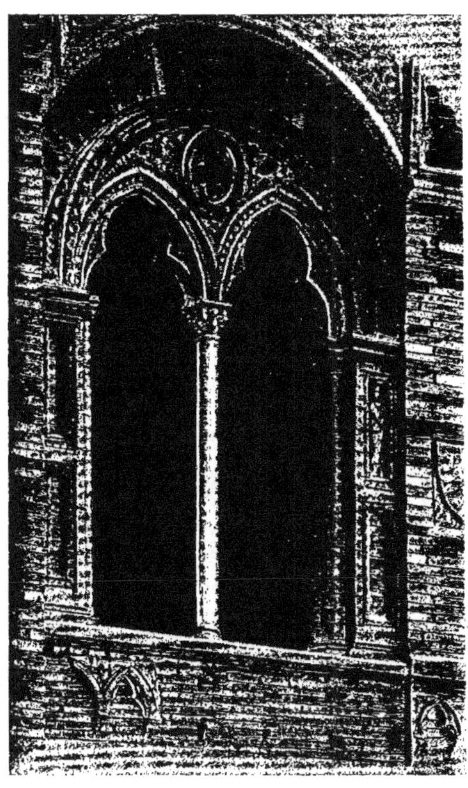

Fig. 90. — Palais Agostini, à Pise. Briques et ornements moulés accompagnant la construction de briques, d'après un pastel de L. Magne.

qui se développait dans les palais italiens au xve siècle. Cette préoccupation est très apparente dans les constructions élevées à Venise du xve au xvie siècle, et dont les façades sont plus ou moins inspirées de celles du Palais Ducal.

Dans une ville comme Venise, où la vie se passe sur les canaux, on comprend que pour l'agrément de l'habitation on ait multiplié les vues sur ces canaux en créant dans les façades, aux différents étages, des galeries ou loges largement ouvertes, dont les

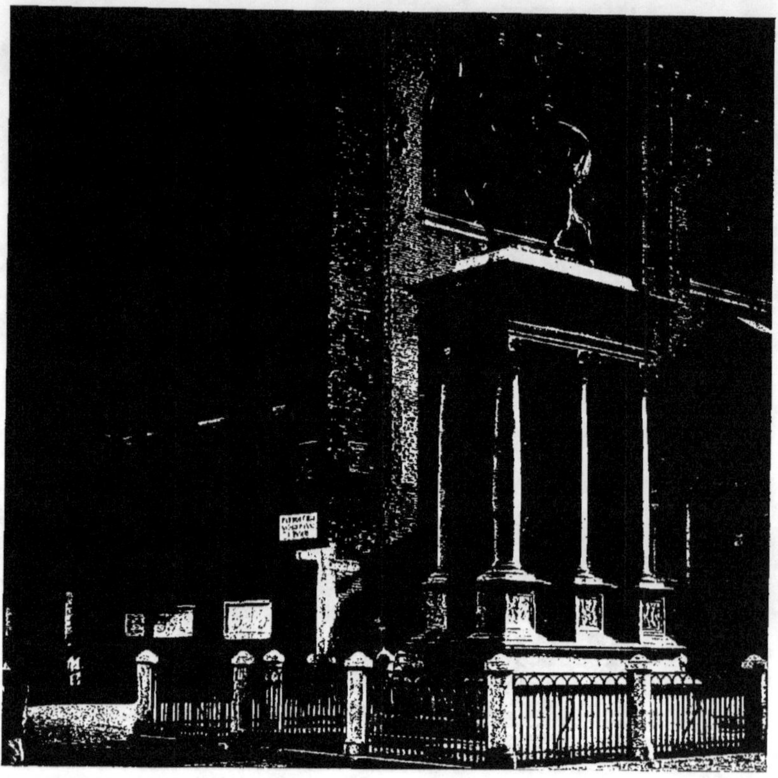

Fig. 91. — Église San-Giovanni e Paolo, à Venise.
Façades construites en briques.

supports sont des colonnes de marbre, soutenant les claires-voies et contrastant avec la brique colorée des murs.

Les églises étaient construites de même en briques, comme on les construisait au XIIIe et au XIVe siècle. Ainsi avait été édifiée la grande église de San-Giovanni e Paolo (fig. 91), lieu de sépulture des Doges, terminée en 1430. La Santa-Madonna dell'Orto, œuvre de la fin du xvᵉ siècle, avait aussi ses façades en briques et la brique s'harmonisait avec le décor en placage de marbre. On a eu la fâcheuse idée d'enduire le parement de briques de la façade et le temps s'est chargé de faire tomber par grandes plaques cet enduit malencontreux.

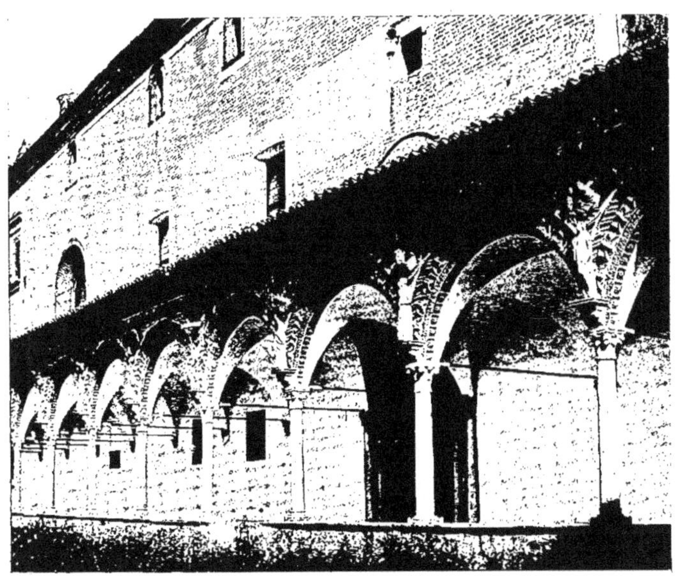

Fig. 92. — Grand cloître de la Chartreuse de Pavie.
Figures et ornements moulés de terre cuite.

Il semble en effet qu'à la fin du xvᵉ siècle, les disciples de Vitruve, les rénovateurs de formes et de proportions antiques, les Alberti, les Brunelleschi eussent comme une honte de laisser voir la matière façonnée, qu'il fallait à leur gré masquer par des placages tracés suivant la bonne formule et rien n'est plus misérable à voir que ces façades abandonnées qui, à San-Lorenzo de Florence ou à San-Petronio de Bologne, attendent encore leur revêtement.

Peut-être devons-nous à ce mépris, professé en Italie pour la brique apparente par quelques architectes du xvᵉ siècle, une innovation intéressante dans l'application de la céramique à l'architecture. Elle consistait à enrichir les archivoltes des arcs, les tympans, les corniches d'ornements de terre estampée et même de figures de haut relief. L'un des exemples les plus frappants est celui de la Chartreuse de Pavie, fondée en 1396 par Jean Galéas Visconti et dont l'abside couronnée de galeries, rappelant celles des églises rhénanes, conserve la disposition de grands contreforts et de pyramidions de briques qui caractérise au Moyen Age l'emploi de cette matière dans le Nord de l'Italie.

C'est dans les cloîtres de la Chartreuse qu'on peut le mieux étudier les applications de la céramique et en particulier des figures de terre cuite à l'ornementation des arcs et de leurs tympans. Des figures d'anges moulées forment les claveaux des arcs du grand cloître (fig. 92) dont les sommiers soutiennent sur des consoles des figures de haut relief et dont les tympans sont des médaillons en bas-relief. C'est sur le grand cloître ainsi orné que s'ouvraient les pavillons, comprenant trois pièces et un petit jardin, qui servaient d'habitations aux Chartreux. Le petit cloître accolé à l'église, du côté sud, est peut-être plus richement orné encore (fig. 93) : il est couronné d'une corniche enrichie par des bustes de haut relief d'une remarquable exécution.

La terre cuite a été utilisée de la même manière pour le décor des façades de l'Ospedale maggiore de Milan, commencé en 1457 par Antonio Filarete et qui est largement revêtu de céramique.

La facilité avec laquelle on réalisait dans la terre une forme décorative par le modelage, aida singulièrement au développement de cette céramique affiliée à la statuaire, surtout après les essais que fit le sculpteur florentin Luca della Robbia de l'application des émaux stannifères aux reliefs de terre cuite ; ces essais datent du milieu du xvᵉ siècle et la ville de Florence en conserve de nombreux spécimens, entre autres ceux de San-Miniato. Ce

fut le point de départ d'une fabrication maintenue dans une
école, presque dans une famille, et qui eut sans doute pour
objet, à l'origine, d'enrichir la sculpture céramique par la poly-

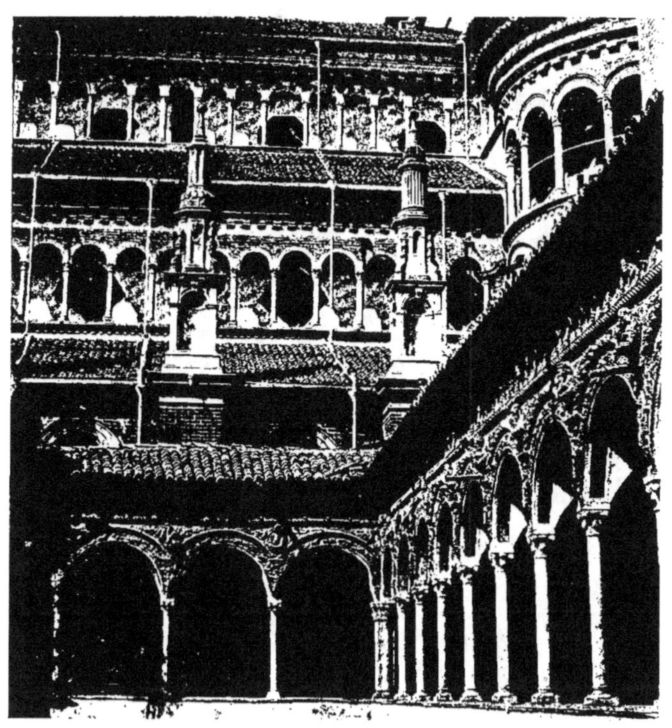

Fig. 93. — Petit cloître de la Chartreuse de Pavie.
Application de la céramique à un décor de figures et d'ornements.

chromie des émaux et d'assurer en même temps sa conservation
par la couverte d'émail stannifère coloré en brun, en vert, en
jaune, en bleu, par le manganèse, le cuivre, le plomb, l'antimoine et le cobalt. A l'origine, les chairs étaient en émail blanc,
les autres tons étant réservés aux draperies ou aux ornements.
Il semble que ce procédé de décor se soit développé dans la

famille même de Luca. Après sa mort (1481), son neveu Andrea
exécuta à son tour de nombreux travaux de sculpture polychrome en céramique, et après Andrea (1528), ses trois fils,

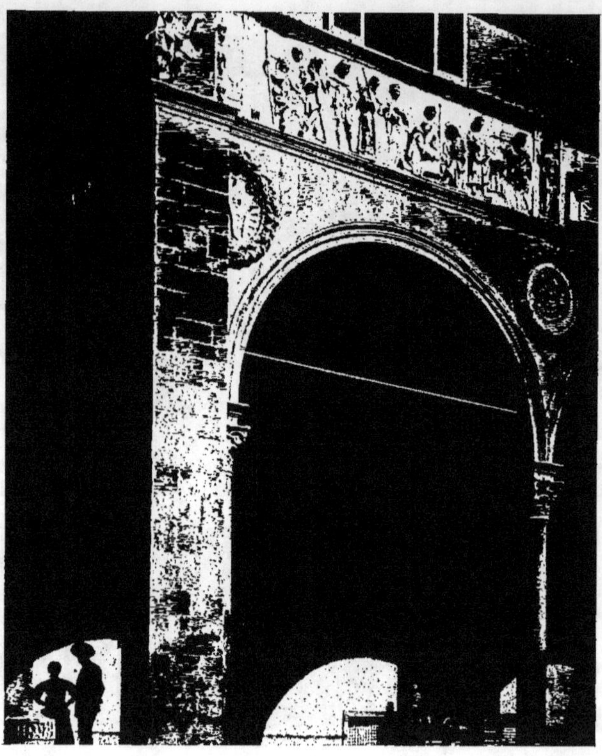

Fig. 94. — Frise en bas-reliefs de terre émaillée, à l'hôpital de Pistoja
(Ecole de Luca della Robbia).

Giovanni, Girolamo et Luca, entreprirent l'exécution des célèbres
frises de l'hôpital de Pistoja, de 1525 à 1535 (fig. 94). Elles
représentent les œuvres de la Charité; au-dessous sont des
médaillons entourés de guirlandes de fruits qu'occupent des
écussons et des bas-reliefs se rapportant à la vie de la Vierge.

Quoique de tons variés, les émaux de la frise sont très harmonieux et aussi très brillants ; les copies qui en ont été faites et qui sont placées dans la cour du Mûrier, à l'École des Beaux-Arts, ont des tons lourds, dont le temps a peut-être exagéré la lourdeur, et qui ne correspondent plus à ceux de la frise.

La terre employée par le sculpteur florentin contenait, outre la silice, l'alumine et la chaux, des traces de magnésie et d'oxyde

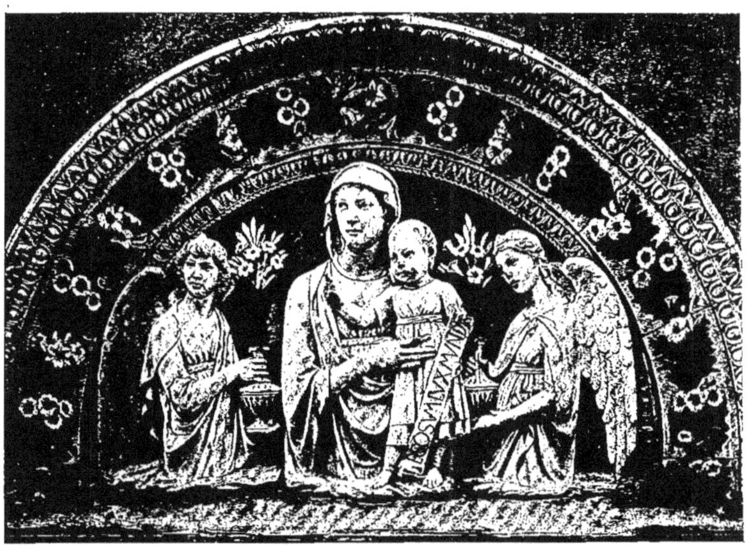

Fig. 95. — Une Vierge de Luca della Robbia, à Florence
(Via dell' Agnolo).

de fer, et c'est sur l'émail blanc stannifère bien glacé, qu'étaient posées les couleurs d'application, le jaune de plomb ou d'antimoine, le bleu violacé de cobalt, le vert de cuivre et le brun de manganèse. Dans quelques figures de l'école de della Robbia, la terre cuite non émaillée est réservée aux chairs et les colorations d'émail ne recouvrent que les draperies.

Girolamo della Robbia a travaillé en France de 1528 à 1567 : on lui attribue la décoration du château de Madrid qui comprenait des frises, des bandeaux et des motifs d'encadrement avec relief de terre émaillée blanche sur fond bleu. Malheureusement il ne reste rien, ni du château de Madrid, ni de sa décoration.

A Florence, sont encore conservées deux vierges de Luca della Robbia, l'une via dell'Agnolo (fig. 95), l'autre dans l'église de San-Pierino in Mercato. Un tableau d'autel de Luca est en place à l'église de la Verna. Notre Musée de Cluny possède plusieurs œuvres du célèbre sculpteur et notamment une Vierge en adoration entourée d'anges et de chérubins ailés dans une couronne de fruits et de fleurs en relief sur fond blanc (fig. 96). Les figures sont blanches sur fond bleu foncé. Les auréoles sont jaunes.

Deux autres médaillons à figures blanches sur fond bleu, entourés de guirlandes de fleurs et de fruits en couleur, et attribués aussi à Luca, font partie des collections du Musée de Cluny ; ils proviennent de la chapelle des Pazzi de Florence. Dans le même musée est un buste d'enfant en ronde bosse fort remarquable et qu'il est intéressant de comparer, soit pour le caractère des figures, soit pour la tonalité des émaux, aux « rustiques figulines » de Bernard Palissy. Les émaux de Palissy diffèrent absolument des émaux opacifiants à base d'étain de l'école des della Robbia.

Sans doute on avait bien essayé en Italie, vers la fin du xve siècle, d'employer les émaux transparents. Le Louvre conserve deux coupes, élevées sur des pieds en forme de lions, et dont le décor, très délicat, a été obtenu par enlevage de l'engobe sur les surfaces comprises entre les saillies.

La pièce, dégourdie à un premier feu, était sans doute engobée par immersion et on dessinait sur l'engobe, soit à la pointe soit au pinceau, des contours d'ornements de feuilles ou de figures : dans les limites de ces contours on grattait l'engobe en mettant à nu la terre dont le ton réapparaissait : l'évidement pratiqué par le grattage arrêtait la coulée de la couverte et l'épaisseur de l'émail accentuait les contours. On comprend que ce procédé exigeait pour l'émaillage une matière assez transparente pour que ce travail, assimilable à celui du champlevé, demeurât visible et c'est ainsi que la couverte des coupes du Louvre, due à un silicate coloré par les oxydes de fer et de cuivre, a pu être appliquée sans empâtement, donnant à la coupe une coloration analogue à celle du jaspe.

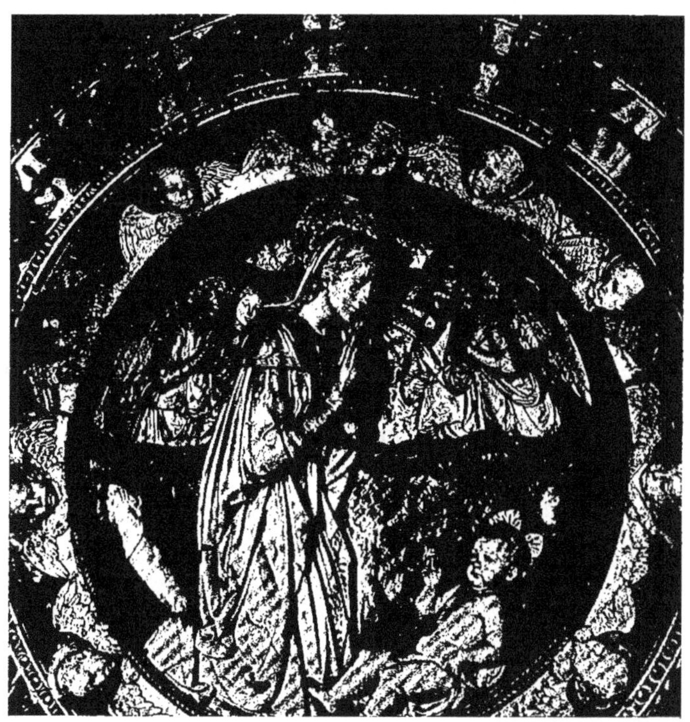

Fig. 96. — Vierge en adoration devant l'Enfant Jésus, par Luca della Robbia. Médaillon conservé au Musée de Cluny.

Ce procédé ne différait pas sensiblement de ceux employés pour le décor des faïences en Orient et qui se réduisent à deux.

Ou le céramiste posait sur la terre dégourdie la matière colorante après avoir tracé sur cette terre, engobée ou non, à l'aide d'un trait noir de manganèse, limitant les contours, les parties réservées aux colorations différentes, et recouvrait le tout d'un silicate transparent, alcalin ou plombeux, véritable verre fondu à la surface de la pièce et avivant les couleurs des émaux (c'est le procédé employé pour les faïences de Rhodes).

Ou il appliquait sur la terre affermie par un premier passage au feu l'émail à base d'étain sur lequel il posait les oxydes colorants que la fusion fixait.

Dans le cas où l'artiste voulait enrichir par les irisations des reflets métalliques les pièces décorées, il couchait au pinceau la matière colorante (sauf à redessiner, par enlevage, en mettant à nu le fond glacé d'émail stannifère, des arabesques formant jeu de fond), et la fixait par un second passage au feu, mais au feu réducteur, déterminant des dépôts métalliques auxquels sont dus les reflets.

Il existait un autre procédé, celui qui consistait à faire de la matière colorante un véritable émail qui, appliqué, suivant la composition, sur des surfaces planes ou des reliefs, pouvait couler à la surface de la pièce et par les mélanges d'émaux donner les combinaisons décoratives les plus riches.

C'est ce procédé qui a été employé par Bernard Palissy. Il substituait aux couleurs opacifiantes des céramistes florentins des émaux de tons à la fois plus soutenus et plus rompus, lui donnant par des mélanges une grande variété de nuances. Ces émaux se fondaient les uns dans les autres, et les couleurs résultant des reliefs de la terre se prêtaient à cette fusion.

Bernard Palissy tirait en effet des reliefs de la terre les principaux effets décoratifs non seulement pour ses figures, mais pour ses plats « rustiques » garnis de couleuvres, de poissons, de lézards ou de coquilles et tout ce décor aquatique participait d'une harmonie générale due aux mélanges des émaux, dont les tons sont le bleu profond, le brun chaud, le vert foncé, le gris, le blanc teinté de jaune, ayant l'aspect de l'ivoire.

La terre et les émaux de Palissy étaient généralement cuits à une température plus haute que celle des faïences et on peut trouver quelque analogie entre le décor de ses faïences et celui des grès.

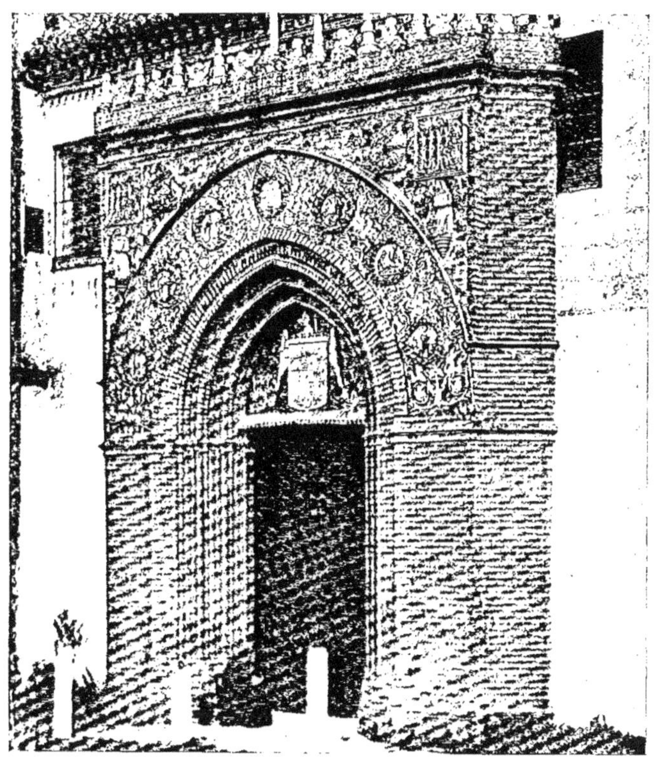

Fig. 97. — Entrée du couvent de Santa-Paula, à Séville.
Décor de faïence dans les arcs et tympans.

L'artiste, dont le tempérament très ardent est suffisamment connu par ses écrits, appliquait son initiative à des créations de toute sorte, bassins creux à bords unis ou dentelés encadrant un bas-relief, plats contenant des groupes d'animaux aquatiques, qui semblent nager dans un bassin dont les bords sont garnis de plantes et de coquillages, aiguières de formes variées, coupes à entrelacs évidés, toutes œuvres portant l'empreinte d'une volonté créatrice et marquant une étape dans les progrès de la céramique.

Comme tous les inventeurs, l'artiste ne jouit pas très paisiblement du fruit de ses travaux, mais il demeure l'un des maîtres de la céramique française : le décor de ses faïences donnait pour la première fois l'aspect décoratif de coulées d'émaux mélangés, agissant par réduction les uns sur les autres, et donnant au décor le charme de l'imprévu.

Des applications de la faïence au décor de l'architecture avaient été faites en Espagne au xvie siècle. Un des plus intéressants spécimens de cette céramique espagnole est la porte de l'église du couvent de Santa-Paula à Séville (fig. 97).

D'ailleurs la faïence était en faveur du xve au xvie siècle en Orient comme en Occident, et à Rhodes ou en Asie Mineure comme en Espagne, en Italie comme en France, les fabriques se multipliaient et les procédés se perfectionnaient. Il importe d'en faire une étude particulière sur les objets usuels, vases, plats, aiguières, etc., dont le décor fut très brillant dans la période qui s'étend du xve au xviie siècle.

XI

LA FAÏENCE

Faïences de Rhodes. Faïences espagnoles et hispano-mauresques.
Faïences italiennes. Faïences françaises.

La faïence, ou plutôt la terre émaillée, n'a pas été limitée en
Perse au décor des édifices. Dès la fin du xiie siècle, l'émaillage
était appliqué à tous les objets usuels et peut-être même n'avait-il
jamais cessé d'être en usage : les aiguières, les bouteilles, les
coupes recueillies dans nos musées témoignent à la fois d'un
sentiment artistique très délicat dans la composition et d'une
habileté technique vraiment merveilleuse dans l'exécution. Le
grand vase de l'Alhambra (fig. 98) avec son décor d'animaux
conventionnels, de médaillons et d'entrelacs à reflets métalliques
prouve que le décor mordoré, tel qu'on le pratiqua sur les stèles
de Veramin, n'était pas limité à de grandes pièces de revêtement et s'appliquait aussi à de grandes pièces tournées ou tournassées.

Tel vase de forme simple provenant d'Asie Mineure et conservé
dans nos collections du Musée de Cluny nous fait connaître
l'application, au xiiie siècle, d'une couverte d'émail stannifère,
sur laquelle des paons sont dessinés en traits bruns sertissant les
colorations bleues des ailes fondues dans l'émail blanc. Entre
les oiseaux sont des fleurettes bleues, brochant sur des feuillages
dessinés par leurs contours pour former jeu de fond.

Notre Musée du Louvre conserve des vases de forme analogue,

dont le décor géométrique donne sur la panse des divisions verticales, formant des bandes étroites et des bandes larges alternées :
celles-ci sont enrichies ou d'un jeu de fond formant une sorte de
damier, ou de fleurettes en semis, ou de rinceaux. Sur l'un la couverte est une enveloppe colorée en bleu verdâtre sous laquelle le dessin apparaît en noir ; sur l'autre l'émail stannifère a été chargé d'ornements. Le style persan des vases à reflets métalliques de Valence et de Malaga atteste suffisamment l'influence persistante de l'art oriental en Occident.

C'est à des prisonniers persans qu'on attribue l'établissement des premières fabriques de poteries émaillées dans l'île de Rhodes, à Lindos, dont le sable fin était, croit-on, favorable à la composition des couver-

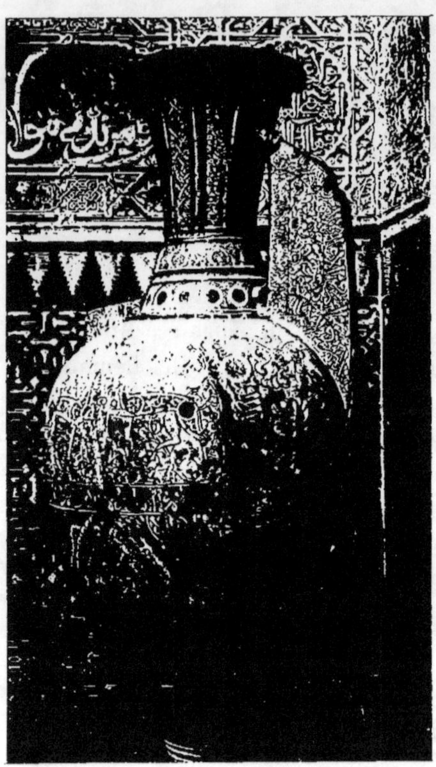

Fig. 98. — Grand vase à reflets métalliques,
à l'Alhambra de Grenade.

tes transparentes. Mais le nom de faïences de Rhodes désigne
plutôt un genre de céramique pratiqué en Asie Mineure, à Damas
et dans d'autres villes, et dont l'origine était probablement en
Perse ou en Mésopotamie.

On suppose que la fabrication aurait été commencée au temps
d'Héron de Villeneuve, qui fut grand maître de l'ordre de Saint-

Jean de Jérusalem, de 1319 à 1346. Elle se serait développée
au xve siècle, surtout sous le grand maître Pierre d'Aubusson,

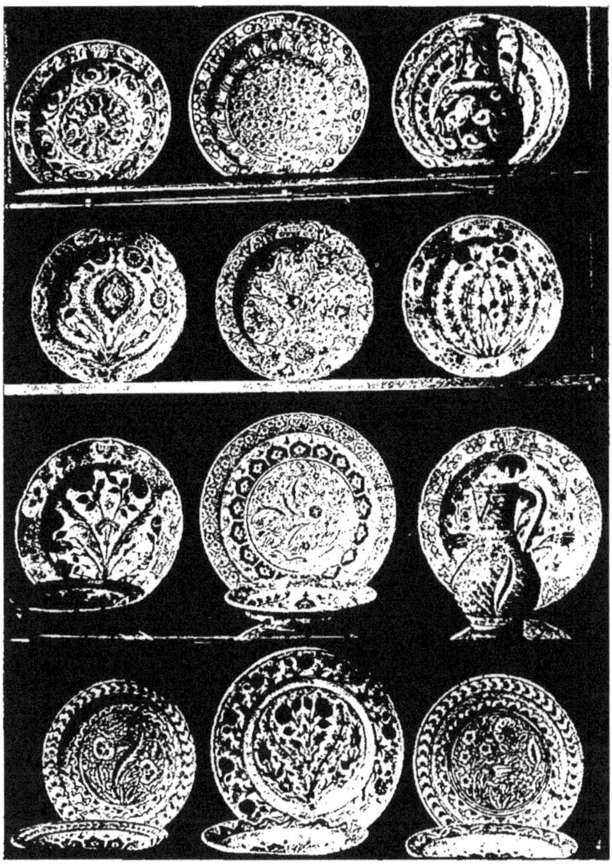

Fig. 99. — Ensemble de pots et plats en faïence de Rhodes.
Décor d'émaux brillants sous couvertes transparentes.

de 1476 à 1503. C'est de cette époque que dateraient les plats
décorés, surnommés encore « Lindiaki » et qui donnèrent lieu
à un grand commerce d'exportation ; car on en a trouvé des
spécimens dans toutes les villes d'Asie Mineure et tous dans les

ports de la Méditerranée. Les fabriques de Lindos n'auraient pu suffire à alimenter ce commerce : elles furent abandonnées, lorsque les chevaliers de Saint-Jean quittèrent l'île de Rhodes en 1523.

Le décor des faïences de Lindos a évolué constamment. A l'origine, l'ornementation est toute persane : c'est de la flore et de la faune orientales que sont tirées les décorations où figurent la rose, la jacinthe, la tulipe, l'œillet ou l'antilope et le lion ; si la figure humaine est interprétée, les personnages représentés, hommes ou femmes, ont la robe longue et la coiffure orientale, turban ou bonnet à aigrette ; les inscriptions, rares d'ailleurs, sont en langue persane.

La tradition maintint pendant le xve siècle ces thèmes décoratifs, auxquels vinrent s'ajouter peu à peu des sujets nouveaux : on dessine sur les plats des navires, des ornements linéaires ou floraux inspirés des étoffes. On a supposé que des ouvriers européens avaient remplacé les Persans et imaginaient des décorations d'un caractère un peu différent, en tout cas très variées. Ce n'est qu'une hypothèse.

Les types correspondant aux différentes époques de fabrication sont tous représentés dans la magnifique collection du Musée de Cluny.

Sur les pièces les plus anciennes est souvent dessiné le cyprès, l'arbre symbolique des Persans, occupant le centre du plat. Sur tous ces plats on peut admirer l'adaptation charmante du dessin et de la couleur à la composition.

Les vases se rapportent à trois ou quatre types : la bouteille à long col, l'aiguière à large panse, la coupe de forme évasée, les pots tournés à anses rectangulaires (fig. 99).

Sur toutes ces pièces, s'accuse la préoccupation d'adapter le décor à la forme créée ; le décor a pour base les lignes de construction : elles forment les divisions de motifs dans lesquels s'intercalent des fleurettes ou des ornements linéaires, les détaillant en quelque sorte, et leur donnant par opposition les valeurs cherchées (fig. 100).

Il ne semble pas que les faïenciers de Rhodes aient jamais

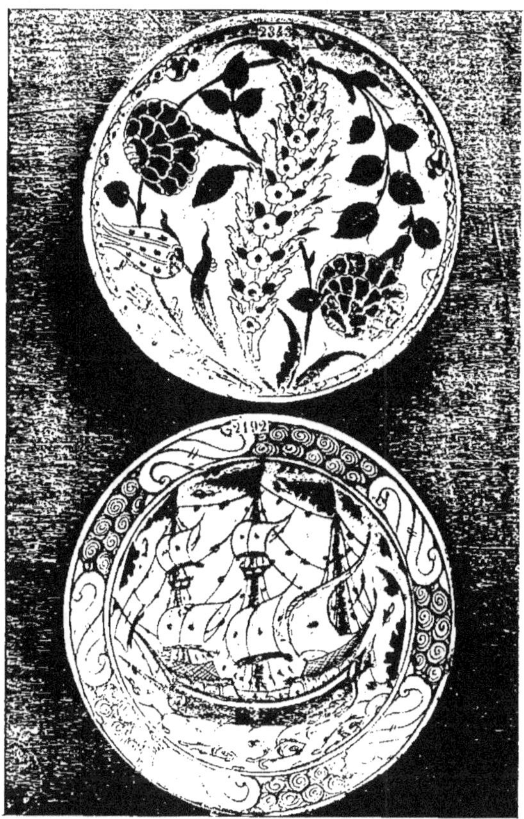

Fig. 100. — Plats de Rhodes de décors variés.

mis à profit le procédé persan du décor par réduction de métaux sur les couvertes, donnant des reflets irisés, après cuisson des parties métallisées en feu réducteur. Quelques pièces ont reçu des applications d'or.

C'est en Espagne que le décor à reflets métalliques fut le plus employé du xiv° au xvi° siècle, et il s'y est maintenu jusqu'à nos jours. Valence fut l'un des centres de fabrication de ces faïences à reflets irisés, et nous savons que c'est de Valence que le duc de Berry appelait à Poitiers un Sarrazin pour la fabrication de carreaux décorés, destinés à son palais et à son château. D'autres fabriques très florissantes existaient, dès le xiv° siècle, à Malaga, à Manisès, à Paterna, à Villalonga, etc.

L'analogie des faïences hispano-mauresques avec les faïences persanes est tout à fait frappante, et les colorations employées sont identiques. Tantôt la pièce à fond blanc ne comporte que le décor mordoré dû à la réduction du cuivre ou de l'argent, qui donne en surface des reflets chatoyants ; tantôt le bleu de cobalt, employé sur l'émail stannifère, lors de la première cuisson, dessine des ornements à contours flous, fondus sur l'émail, et formant contraste avec le décor mordoré.

Outre les plats et les vases, on fabriquait en Espagne les faïences de revêtement : c'étaient les carreaux « azulejos » qui remplaçaient les mosaïques de petits éléments de la céramique mauresque.

Les bassins à entrelacs et à décorations bleues, alternant avec les ornements mordorés, sont souvent de très grandes dimensions et munis de bélières. Un de ces bassins conservé au Musée de Cluny et provenant de Malaga est comparable pour le style au célèbre vase de l'Alhambra (fig. 101).

Un grand plat du même musée, plat à reflets métalliques rouges, porte au centre les armes de la ville d'Ynca, dans l'île de Majorque (fig. 102). Des fabriques étaient certainement installées dans les îles Baléares, et Ynca semble avoir été le principal centre de fabrication. Les Italiens donnaient aux faïences le nom de majoliques. On peut en induire que les ateliers de Majorque exercèrent une influence sur les premiers ateliers italiens. Des fabriques de faïence à reflets mordorés existaient à Narbonne au xve siècle. Le musée de cette ville en a conservé des échantillons.

Les plus anciennes pièces de faïence italienne ne semblent pas antérieures au commencement du xve siècle, à l'époque où la

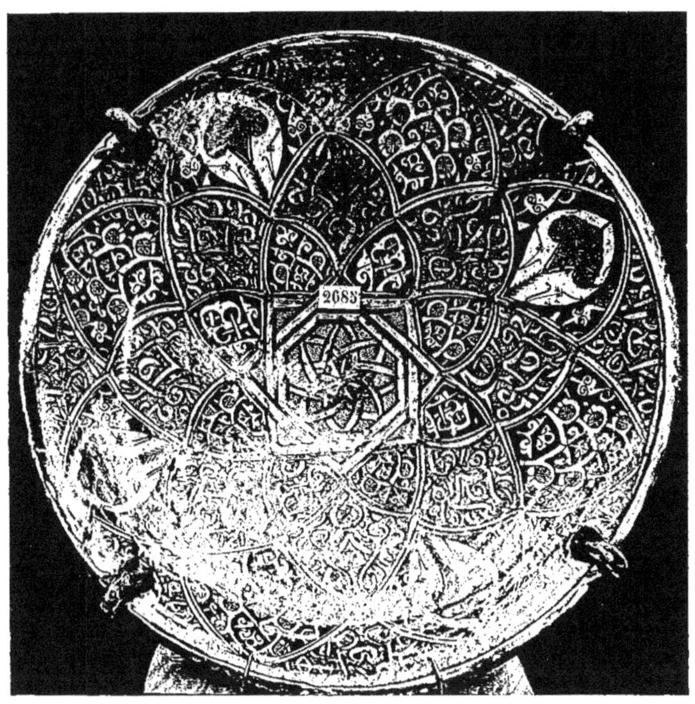

Fig. 101. — Grand plat à bélières, à décor bleu et ornements mordorés, provenant de Malaga (Musée de Cluny).

fabrication de la céramique espagnole était à son apogée; certain plat à décor mordoré, de Valence, décoré de feuilles et de fleurons bleus sur fond blanc, avec rehauts mordorés, et portant au centre le monogramme du Christ, est à rapprocher d'un plat italien de Cafagioli (Toscane), qui porte dans le fond le même monogramme, avec une inscription donnant la date de

1475. La fabrique de Cafagioli ou Chaffagiolo, n'est pas men-
tionnée dans l'ouvrage de Piccolpasso Durantino écrit en 1548,
non plus que celles de Gubbio et de Deruta, qui ont fourni cependant tant de pièces admirables à reflets rougeâtres recueillies
dans nos musées, et particulièrement aux Musées du Louvre et de
Cluny.

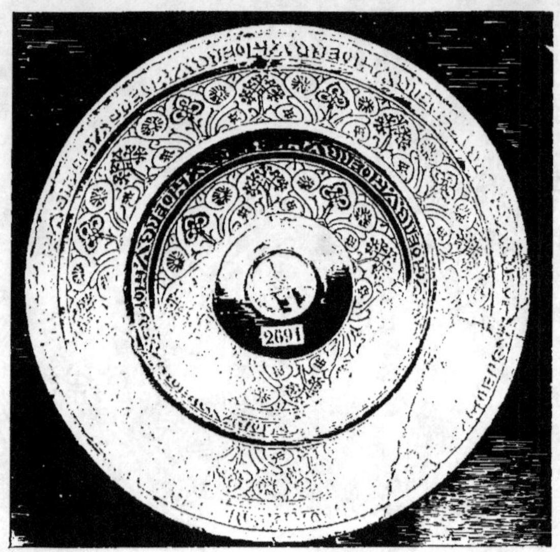

Fig. 102. — Plat à reflets métalliques d'Ynca (Ile Majorque,
(Musée de Cluny).

La pièce la plus ancienne que possède le Musée de Cluny est
un écusson de Cafagioli, sur lequel est un coq noir ayant une
fleur de lys sur le bec ; elle porte la date de 1466 (fig. 103).

Cependant les premières faïences italiennes, où l'influence
orientale est évidente, ne sont qu'à décor bleu sur fond blanc,
et jusqu'au XVIe siècle, dans les plus célèbres ateliers, à Deruta,
à Castel-Durante, à Gubbio, lorsque s'exerce l'influence de l'art
hispano-mauresque, le décor est à fond blanc et à ornements

bleus et mordorés. C'est surtout dans les ateliers d'Urbino que sont faites les imitations de sujets peints.

L'école de peinture tenait une si large place dans l'art italien, qu'on s'explique aisément l'usage qui fut fait de la figure humaine pour le décor des plats. Sur un plat rond de Cafagioli est dessiné le buste d'un personnage de profil en costume du xvᵉ siècle, les

fleurettes formant jeu de fond sont isolées de la figure par un large champ qui suit le contour de la tête ; des rinceaux d'une facture un peu brutale ornent le bord du plat (fig. 104). La fabrique de Cafagioli existait encore dans la première moitié du xvɪᵉ siècle, ainsi qu'en témoignent deux plats conservés au Musée de Cluny, et dont l'un, orné du médaillon de Néron, avait été exécuté pour le pape Léon X.

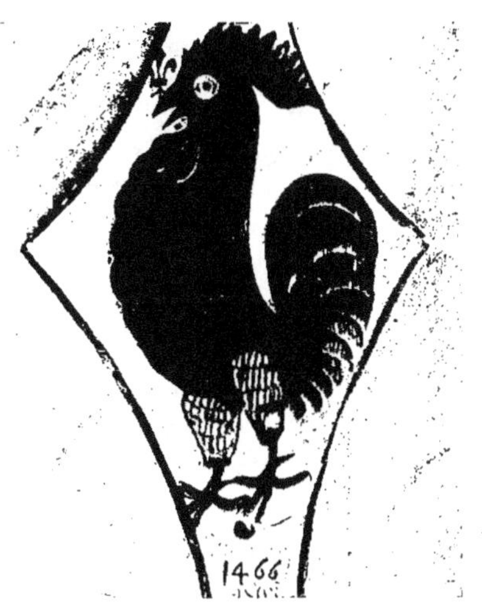

Fig. 103. — Écusson en faïence de fabrique italienne (Cafagioli).

Le même parti décoratif avait été adopté dans la fabrique de Faenza : un plat, conservé au Musée de Cluny, est décoré au centre d'une tête casquée sur fond orangé. C'est un plat du xvɪᵉ siècle en forme de drageoir, dont le bord large est orné de balustres et de rinceaux. Sur d'autres plats, des feuilles et des fleurettes dessinent une sorte de mosaïque en couleur sur fond blanc et jaune.

La ville de Faenza est située dans les Marches, et la fabrication des faïences dut y être très florissante, car ce sont ses produits qui, en France, ont donné leur nom aux poteries émaillées : les pièces les plus anciennes seraient des carreaux exécutés en 1487.

Les tons les plus employés sont le blanc, le bleu, le brun et le jaune orangé. Cette fabrique italienne se distingue par les qualités du dessin.

Un autre atelier s'était ouvert à Deruta (faubourg de Pérouse), dans les États pontificaux ; les pièces qui en sont sorties sont ornées de sujets traités le plus souvent en camaïeu bleu sous

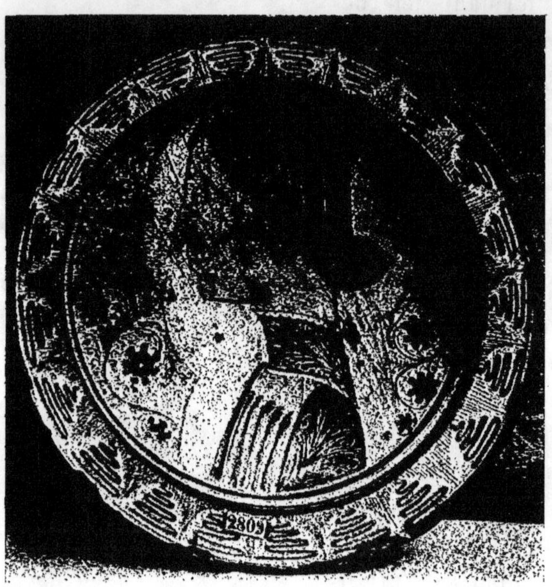

Fig. 104. — Buste sur un plat rond de Cafagioli.

couverte d'aspect nacré à reflets métalliques. On en attribue la fondation à Agostino di Duccio, élève de Luca della Robbia, auquel serait due la frise émaillée de l'église des Bernardins de Pérouse exécutée en 1461. La belle coupe conservée au Musée de Cluny et qui représente, d'après Mantegna, Diane au bain surprise par Actéon, est une œuvre du xvie siècle. Quelques plats de Deruta sont aussi décorés de médaillons d'empereurs et les bords ont des ornements mordorés sur fond bleu.

Une autre fabrique, celle de Pesaro, dans le duché d'Urbino, a eu pour historien Passeri, natif de Pesaro, mais auteur du xviiie siècle et peu au courant des procédés de fabrication en usage au xve siècle. On fabriquait à Pesaro des faïences de tons soutenus, quelques-unes à reflets cuivreux sur fond bleu, dont le Musée de Cluny possède d'assez beaux échantillons, entre autres un plat rond à couverte irisée sur lequel est représentée une Minerve casquée entourée d'une bordure d'arabesques bleues, rehaussées de jaune et de rouge sur fond blanc.

Plusieurs fabriques avaient été créées dans le duché d'Urbino à Castel-Durante, à Gubbio, à Urbino, et les produits de chacune d'elles, quoique très voisins, se distinguent par des qualités particulières. Piccolpasso, l'auteur des trois livres de l'Art du potier, dirigeait une fabrique de faïence à Castel-Durante vers 1550 et c'est de cette époque que datent les ouvrages les plus intéressants. On y exécutait, comme à Pesaro, des vases de pharmacie, les uns ornés de figures, les autres de trophées avec banderoles portant des inscriptions.

Des commandes avaient été faites par le connétable de Montmorency à Guido Durantino, qui dirigeait un des ateliers d'Urbino et le Musée de Rouen conserve quelques-unes de ces pièces, représentant les métamorphoses d'Ovide, qui sont décorées aux armes du connétable. Durantino aurait pris le surnom de Fontana et c'est à son fils Orazio Fontana que sont attribuées les majoliques de la pharmacie de Loreto, ainsi que le plat du massacre des Innocents que conserve le Musée du Louvre.

L'une des fabriques les plus renommées fut celle de Gubbio, dont la réputation est due aux plats à reflets métalliques du céramiste Maestro Giorgio, originaire de Pavie. Un bol du Louvre, décoré au fond d'une tête de femme d'un dessin exquis, de ton bleu et blanc, et ayant toute la surface restante mordorée de ton cuivreux, caractérise cette fabrication. Les plus belles pièces datent de la première moitié du xvie siècle ; elles portent généralement au revers des fleurons et des entrelacs tantôt en tons cuivreux, tantôt en ton bleu. Sur l'un de ces plats conservés au Musée de Cluny est un buste de femme encadré d'une bordure à arabesques, que séparent des bandes colorées.

Sur les faïences d'Urbino, qui datent aussi du milieu du xvie siècle, se développaient des sujets imités des ouvrages de peinture et qui compliquaient singulièrement le décor. Ainsi sur un plat conservé à Cluny est, au centre, l'Amour sur un dauphin entouré de naïades et de tritons enchevêtrés : sur la bordure sont des arabesques.

Les principaux ateliers de fabrication de la faïence française au xvie siècle étaient en Poitou, en Nivernais, en Normandie et certainement aussi à Paris : d'ailleurs nos faïenciers s'appuyaient sur des traditions très anciennes qui expliquent la perfection des procédés d'émaillage des faïences de B. Palissy et des faïences dites d'Oiron ou de Saint-Porchaire. En effet, la découverte récente au château de Saumur de carrelages formés de petits éléments et recouverts d'émaux durs à base de cuivre, de fer, de manganèse ou de plomb, prouve que nos céramistes connaissaient de longue date tous les procédés de vernissage et de glaçure, y compris ceux d'incrustation des terres. On sait aussi, depuis la publication des comptes du château et du palais de Poitiers que, dès la fin du xive siècle, une fabrique de carreaux de faïences émaillées, à reflets mordorés, était installée dans cette ville.

Aussi bien sait-on maintenant que pour les carrelages comme ceux du château d'Écouen ou ceux de la chapelle du château d'Oiron et pour la vaisselle de faïence émaillée, les différents procédés de décor des faïences orientales avaient été appliqués, soit que les matières colorantes eussent pour support l'émail stannifère et fussent fondues avec lui (carreaux d'Écouen et d'Oiron), soit que le décor fût exécuté par l'apposition sur la terre dégourdie, des émaux dans la limite fixée par le trait noir dessi-

nant les contours à la surface de la pièce, engobée ou non et que
la pièce reçut une couverte transparente, silicate fusible à base
alcaline ou à base de plomb, suivant le procédé employé par les
faïenciers de Rhodes.

Le procédé appliqué par Palissy se rattache étroitement à

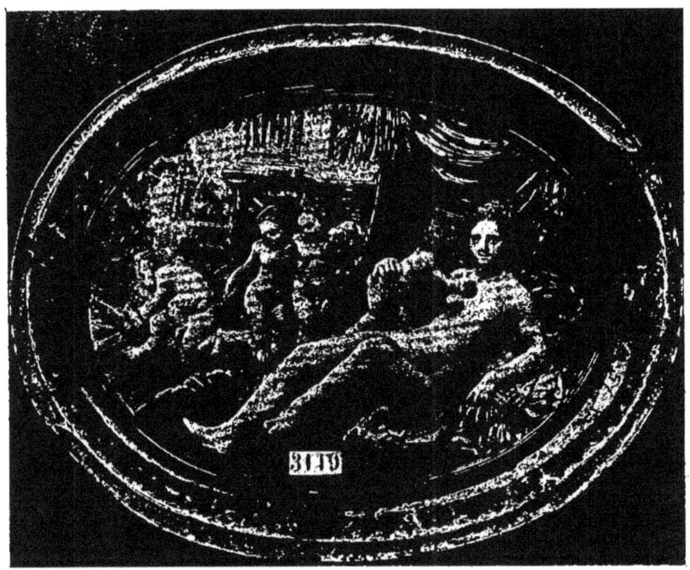

Fig. 105. — Plat ovale à reliefs de Bernard Palissy, représentant Vénus et des amours
(Musée de Cluny).

celui qu'on avait employé à la fin du XIVe siècle pour les carrelages du château de Saumur et qui consistait à faire de la matière
colorante un véritable émail coloré appliqué suivant des contours ou suivant des reliefs et donnant par les coulures même des
émaux juxtaposés des effets de coloration très puissants et très
variés. C'est par là que les faïences de Palissy diffèrent absolument des faïences italiennes à reliefs de l'école des della Robbia,
dont le décor est subordonné à l'emploi d'émaux couvrants à
base d'étain.

Sans doute, sur les plats à reliefs de Palissy, des colorations différentes distinguent les figures des draperies, les animaux des feuillages ou des ornements qui les entourent ; mais, à la cuisson, poussée d'ailleurs plus loin que celle des faïences, les émaux se fondaient les uns dans les autres, comme il arrive pour la déco-

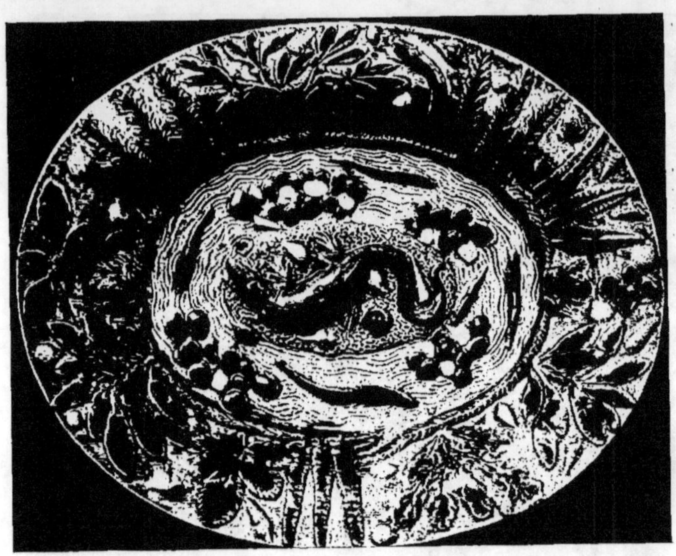

Fig. 106. — Plat long à reliefs de Bernard Palissy.
Décor de poissons et de feuilles d'eau (Musée du Louvre).

ration de grand feu des grès, et donnaient des tons de pierres précieuses.

Le Musée de Cluny et le Musée du Louvre ont recueilli en grand nombre, des pièces remarquables de Palissy : c'est au Louvre un bassin ovale à bord dentelé sur lequel est figurée en bas-relief une femme nue symbolisant une source ; c'est au Musée de Cluny un bassin ovale représentant Vénus et les amours (fig. 105); c'est encore au Louvre un plat ovale à bord chargé de coquilles, d'écrevisses et d'anguilles, dont le fond est garni de poissons en reliefs (fig. 106) et un autre plat à décor de lézards et

de plantes d'eau ; c'est enfin au Musée de Cluny un grand plat
ovale décoré dans le fond par une couleuvre, dont le corps sinueux
occupe une sorte d'îlot entouré d'eau et de poissons.

Palissy a traité d'ailleurs magistralement tous les sujets,
corbeilles rondes à décor d'entrelacs de têtes et de rinceaux
(fig. 107), pots à anses de différentes formes enrichis de canne-

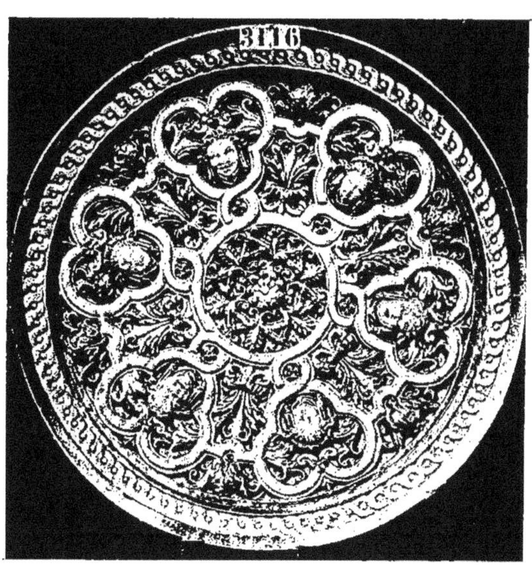

Fig. 107. — Coupe à entrelacs et figures de Bernard Palissy
(Musée de Cluny).

lures ; car c'est toujours aux reliefs que le potier a demandé ses
principaux effets décoratifs. L'artiste avait eu pour protecteur
Anne de Montmorency qui, à en juger par le nombre d'œuvres
décorées à ses armes, devait être un amateur passionné de
faïences.

C'est vers 1539, qu'on place les premiers essais de Palissy à
Saintes ; il travailla ensuite à La Rochelle, puis à Paris, et c'est
sous le règne de Henri II qu'il exécuta ses œuvres les plus
importantes.

C'est à la même époque qu'étaient créées les faïences dites de Henri II, dites aussi d'Oiron ou de Saint-Porchaire, faïences en terre blanche très fine, assimilable à la terre de pipe, et qu'on décorait d'arabesques par incrustation, dans la pièce, de terre brune ou rougeâtre sertie de noir : une couverte transparente légèrement teintée de jaune donnait un ton d'ivoire à ces ouvrages de grand luxe, coupes, flambeaux, salières dont le mérite artistique et la rareté expliquent la grande valeur actuelle.

Suivant Benjamin Fillon, la fabrication de ces faïences aurait été ordonnée par Hélène de Hangest, veuve du grand maître de France Artus Gouffier. C'est au potier Charpentier et au gardien de la librairie d'Oiron, Jehan Bernart, que seraient dus les dessins et la fabrication des pièces exécutées pour Hélène de Hangest et son fils Claude Gouffier.

La coupe conservée au Musée de Cluny est aux armes des Coëtmen, en Bretagne ; celle qui est conservée au Louvre (fig. 108), allie les arabesques de la panse aux ornements en relief du pied. Le pied de candélabre conservé au Louvre est aux armes de France ; notre musée possède encore une autre coupe dont le pied est orné de chimères et de consoles.

Il n'est pas douteux qu'il existât des ateliers de céramistes à Rouen, au milieu du XVIe siècle, puisque c'est de Rouen que proviennent les carreaux de faïence faits en 1542 pour le connétable de Montmorency, mais il est probable que la fabrication se ralentit durant les guerres religieuses qui troublèrent notre pays dans la seconde moitié du XVIe siècle. C'est seulement à partir du XVIIe siècle que l'école rouennaise est représentée par de très nombreuses pièces dont nos musées possèdent de remarquables échantillons. Les faïences rouennaises du XVIIe et du XVIIIe siècle se rattachent à deux types d'ornementation différant par la monochromie ou la polychromie des ornements, les uns bleus, les autres de tons variés, mais toujours sur fond blanc.

Le principe du décor est l'arabesque ou l'entrelac servant de

soutien à une décoration florale qui est, en général, de dimension très réduite. Si le plat est circulaire, la décoration en suit
le bord, lançant vers le centre, qu'occupe souvent une rosace ou
une armoirie, des lignes rayonnantes qui divisent les motifs de

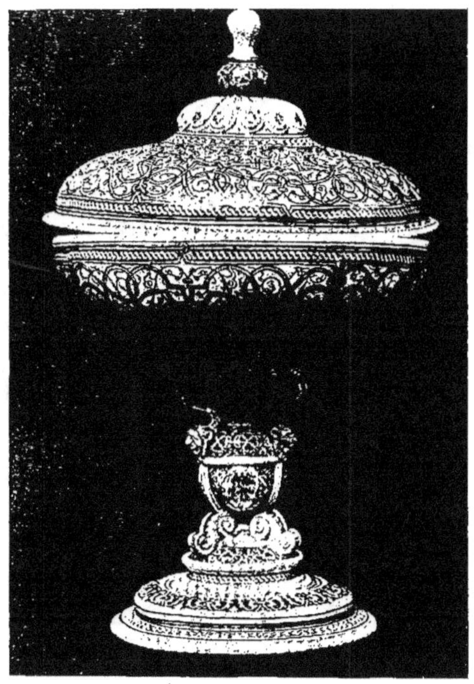

Fig. 108. — Coupe à pied en faïence fine de Henri II,
dite d'Oiron ou de Saint-Porchaire.
Arabesques de terre brune incrustées dans la terre blanche et serties en noir
(Musée du Louvre).

décoration. Ce système rayonnant est très apparent sur deux
grands plats polychromes conservés au Musée de Cluny (fig. 109).

C'est sous le gouvernement du maréchal de Luxembourg
(1690-1695) que les ateliers de Rouen, et notamment celui de
Guillibeaux, fournirent des services de table très importants,
notamment celui qui fut fait pour le duc de Luxembourg et dont
le Musée de Cluny conserve quelques pièces

La céramique normande a eu son historien, M. Pottier, dont
l'ouvrage reproduit tous les types de faïence décorée et particulièrement les faïences dites « à la corne » qui ont donné lieu
aux plus ingénieuses applications. Les fontaines, les bassins et
les plats ronds, longs ou ovales sont parmi les pièces les plus
remarquables.

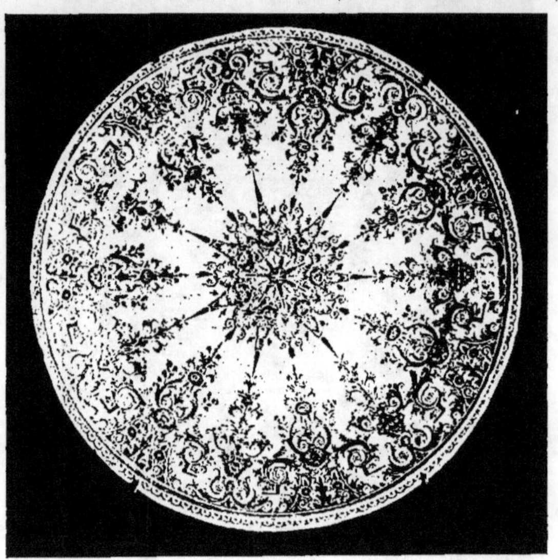

Fig. 109. — Plat en faïence polychrome de Rouen, à décor rayonnant.
Fin du xviie siècle.

On croit pouvoir faire remonter aussi au xvie siècle les
fabriques de Nevers. Elles dateraient du mariage de Louis de
Gonzague avec Henriette de Clèves, ce qui n'est d'ailleurs nullement démontré. Ce qui paraît probable, en raison même du
style des faïences anciennes de Nevers, c'est la part que durent
avoir à l'origine de cette fabrication, les ouvriers italiens venus
peut-être de Faenza. Les faïences anciennes de Nevers sont en
effet, comme celles de Faenza, à fond bleu (bleu persan) et sur

ce fond sont dessinées en gris par l'émail stannifère des arabesques et des figures, le ton gris provenant de la fusion de l'émail dans la couverte bleue.

C'est là sans doute un des caractères du décor des faïences

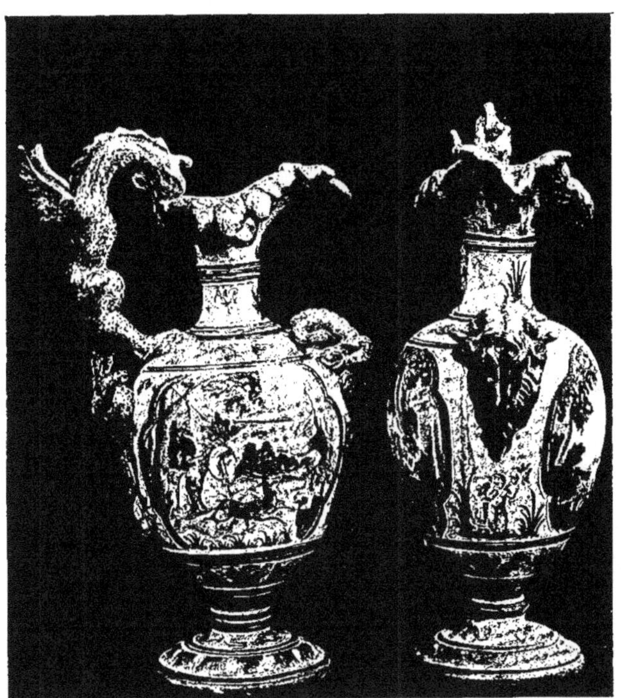

Fig. 110. — Vases à reliefs et décor polychrome de Nevers
(Musée de Cluny).

nivernaises, mais il ne faut pas oublier que ce procédé était employé en Perse au xive siècle et qu'on ne peut pas en faire honneur à la fabrique de Faenza.

Vers la fin du xviie siècle, une certaine similitude de forme et de décor existe entre les faïences de Rouen et les faïences nivernaises, quoique ces dernières se rattachent encore au style italien (fig. 110). Un plat ovale conservé au Musée de Cluny, et décoré d'oiseaux et de fleurettes sur fond bleu, caractérise bien la fabrication nivernaise où l'emploi d'émaux polychromes a été moins fréquent.

Une autre fabrique, celle de Moustiers près de Digne, produisait, au xviiie siècle, concurremment avec les fabriques de Normandie, des œuvres délicates dans le goût de Bérain. Le décor est en camaieu bleu sur fond blanc (fig. 111). D'autres fabriques s'étaient ouvertes à Marseille, à Strasbourg et dans un grand nombre de villes.

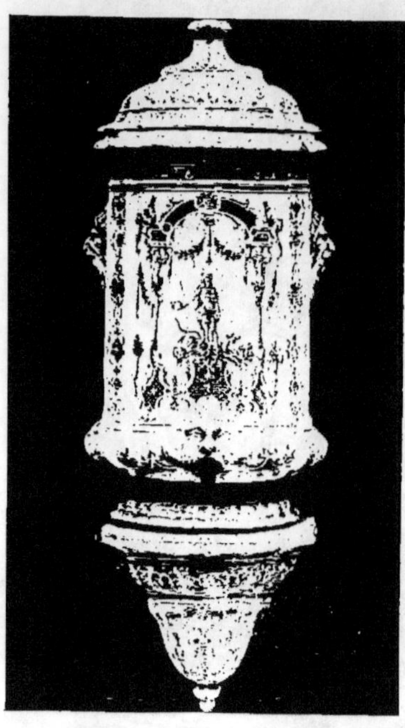

Fig. 111.
Fontaine en faïence de Moustiers
à décors d'arabesques dans le goût de Bérain.

C'est seulement au xviiie siècle que les fabriques de Hollande et particulièrement celles de Delft eurent une célébrité. Leur vogue était due à la qualité des émaux et à la richesse des matières colorantes, notamment au rouge de fer, en même temps qu'à la finesse de la matière. Le décor en est, surtout au début, inspiré du décor oriental. On a donné à tort le nom de porcelaine à ces faïences décorées dans le style japonais avec ce rouge de fer vif qui tranche sur les autres tons et même sur l'or.

En Allemagne, les fabriques de faïences existaient dès le xvie siècle et parmi les plus célèbres on peut citer celle des Hirschvogel, fabricants à Nuremberg de poêles en terre émaillée dont les spécimens existent dans toutes les collections.

On exécutait aussi au xvii⁰ siècle à Nuremberg des faïences fines à décor bleu ou polychrome.

Il est singulier que l'essai de fabrication de faïence fine fait en Poitou au xvi⁰ siècle n'ait pas eu d'applications en France avant la fin du xviii⁰ siècle. Il y a lieu de distinguer, en effet, les faïences, poteries tendres (dont la terre composée généralement de silice, d'alumine et de chaux, et colorée par des oxydes de fer ou de manganèse, est recouverte d'un émail), des poteries à pâte dure qui ont pour caractéristique l'argile plastique additionnée de silex ou de quartz finement broyé, matière facile à façonner en pièces minces et légères nécessitant le plus souvent une double cuisson qui permet d'appliquer sur la pâte une décoration fixée par la glaçure cristalline à base de plomb.

La faïence fine ou terre de pipe exclut presque complètement l'emploi de la chaux et elle se distingue encore de la faïence, dont la cassure terreuse est grise ou rosée, par une cassure de ton blanc opaque.

C'est surtout en Angleterre, au xviii⁰ siècle, qu'on fit usage de cette faïence fine qui eut, dès le début, le caractère industriel d'un produit fabriqué à bon marché. On la décorait par impression, suivant un procédé analogue à celui du pochoir pour lequel les motifs de décoration sont découpés dans une feuille mince et peuvent être ainsi rapidement répétés.

Pour la faïence fine, les dessins sont gravés sur des planches d'acier : l'impression est faite sur papier non collé en tons différents, reportée sur le biscuit et décalquée au moyen d'une roulette de flanelle. L'impression est généralement faite sur terre dégourdie avant vernissage.

On conçoit que ce procédé, applicable à des ouvrages communs, n'ait pas le charme que peut donner au dessin une main d'artiste et que d'ailleurs l'économie du procédé exige presque l'emploi d'ornements monochromes.

Les poteries anglaises ont dû leur célébrité aux travaux du

potier Wedgwood exécutant de petites pièces à l'imitation de bas-reliefs ou de médaillons antiques, dont le goût était en faveur à la fin du xviiie siècle, et dont on s'est servi comme de camées pour le décor des meubles.

S'il s'agissait de pièces de vaisselle en faïence fine, ces pièces moulées et achevées par le tournassage recevaient des glaçures de composition variable à base de feldspath, additionné tantôt de sulfate de baryte et de carbonate de soude, tantôt de borax et de minium, tantôt de silex broyé et d'oxyde blanc de plomb. Cette matière, délayée à l'eau de manière à prendre la consistance d'une bouillie claire, adhérait aux pièces en biscuit par le procédé de l'immersion. Ce vernissage n'exigeait qu'une température inférieure à celle de la cuisson.

Les fabriques françaises de faïence fine ne datent guère que du commencement du xixe siècle. La pâte est composée d'argile plastique de Montereau et de silex ; aussi les fabriques s'établirent-elles à proximité des lieux d'extraction de la terre, à Montereau, à Creil et près de Paris à Choisy-le-Roi. D'autres fabriques avaient été fondées à la fin du xviiie siècle à Sarreguemines, à Septfontaines dans le Luxembourg, à Mettlach, etc.

Si la faïence fine n'a pas donné au point de vue artistique les résultats qu'on pouvait espérer, cela tient surtout au caractère industriel du décor par impression sous couverte. Il en est de ce décor par impression d'une terre cuite à haute température, comme du décor au feu de moufle des porcelaines ; on s'est imaginé qu'on réalisait un progrès en décorant ces terres dures de tons multiples, pouvant exister sous une couverte fondue à basse température. L'étude du grès prouve qu'une terre, cuite au grand feu, ne doit admettre que des colorations de grand feu.

XII

LE GRÈS

Les terres à grès ont été employées dans l'Oise et la Nièvre
dès le début du Moyen Age ; on en connaissait les qualités et on
avait imaginé le moyen de les vernisser très simplement par
des projections de sel dans les fours à la fin de la cuisson.

La pâte du grès est essentiellement l'argile plastique dégraissée
par le sable ou le silex finement broyé, plus rarement par un
ciment de grès cérame pulvérisé : la glaçure au sel marin était
d'usage général au Moyen Age ; mais dès le xvie siècle, on colora
les grès par des oxydes métalliques fondus dans une couverte
mince de feldspath, de quartz et de barytine.

Même au xve siècle, les plats de Saveignies, les pots, les
gourdes, étaient connus pour leur belle qualité et la fabrication
du grès s'est maintenue dans le Beauvaisis, de Saveignies à
Saint-Just et à la Chapelle-au-Pot. Dans cette région c'est
l'argile jaunâtre et sablonneuse d'Ons-en-Bray et l'argile plastique brune qu'on associait pour la fabrication des carreaux.

Pour le grès, on employait une argile de ton gris bleuté que
les potiers appellent « terre bleue » et que connaissait bien Palissy.
« Quand elle est entièrement cuite, dit-il, elle prend un petit
« polissement vitrificatif qui procède de son corps même. » Cette
terre, qu'on devait employer pure autrefois, est quelquefois

aujourd'hui mélangée de terre blanche, et d'une quantité très minime de terre rouge [1].

On fabrique encore aujourd'hui dans le Beauvaisis de grandes jarres de grès vernissées par le salage. La couleur varie du gris perle au brun. On croit que la continuation du feu après le salage et l'introduction d'écorce de bouleau dans le cendrier contribuent à développer le ton rougeâtre que le sel en excès détruit.

Le grès a une qualité essentielle, il est imperméable à l'eau et la plasticité des pâtes facilite l'exécution de reliefs que peut enrichir la coloration due aux oxydes métalliques. La pâte diffère, par l'aspect, de celle de la porcelaine en ce qu'elle est grise et non transparente, mais elle est cuite à peu près à la même température (1270°) et se prête, comme la porcelaine, au décor de grand feu ; elle prend à la cuisson un retrait de plus de 12 °/₀ (1.125 au moule pour 1 mètre après cuisson).

Les couvertes glacées de grand feu (couvertes transparentes ou demi-mates) sont obtenues en feu oxydant ou en feu réducteur. A la manufacture de Sèvres les mêmes couvertes sont employées pour le grès et la porcelaine. La pâte du grès contient 76 °/₀ de silice, 21 °/₀ d'alumine, 3 °/₀ d'alcalis (chaux, magnésie, potasse et soude).

On la prépare à Sèvres en mélangeant :

1° Argile de Saint-Amand-en-Puisay (Nièvre)............	56 parties
2° Argile de Randonnai (Orne)........................	27 —
3° Sable de Decize (Nièvre).........................	26 —
TOTAL.....................	109 parties

réduites à 100 après élimination au rouge d'eau hygrométrique et d'eau de constitution.

L'argile de Saint-Amand est une argile à grès naturelle se

1. Ce renseignement est dû à l'obligeance de M. Delaherche.

vitrifiant légèrement en masse après la cuisson. Cette vitrification résulte des alcalis fournis par le mica blanc qu'elle contient. L'argile de Randonnai est une argile réfractaire contenant du sable quartzeux très fin ; le sable de Decize est légèrement plastique et fusible.

La pâte se prête aisément au moulage et au tournage. Pour activer le séchage des grandes pièces on cimente la pâte de grès cérame pulvérisé. Vu la haute température à atteindre, la cuisson doit être menée lentement pour éviter la rupture des pièces.

Les couvertes incolores sont composées de feldspath des Pyrénées, de sable quartzeux de Nemours, de kaolin argileux, de craie de Bougival.

Pour le grès, la couverte est généralement appliquée sur cru : pour la porcelaine elle est souvent appliquée sur biscuit ; on croit éviter ainsi les déformations qui risqueraient de se produire si on opérait sur dégourdi ou sur cru. La couche de couverte est assez épaisse pour que l'excès coule au bas de la pièce qu'on pose sur une bague en terre sableuse pour éviter les adhérences.

C'est surtout dans l'Extrême-Orient qu'on a su tirer du grès les plus beaux effets en usant, pour le décor, des couvertes de grand feu, assimilables à celles des porcelaines et absolument adhérentes parce qu'elles ont la même température de cuisson que la pâte. Les oxydes métalliques résistant au grand feu sont ceux d'urane, de chrome, de manganèse, de fer, de cuivre, de nickel, de titane, etc. Le rouge de cuivre est obtenu en feu réducteur.

En Occident on se contenta au XVIe siècle d'enrichir les couvertes d'oxydes métalliques : surtout d'oxyde de fer ou de cobalt, ou de cuivre, ou de manganèse ; on les appliquait au pinceau ou par un trempage, suivant que le décor était ou non polychrome. Le plus souvent l'émail était appliqué au pinceau sur les reliefs ou dans les creux et les tons variaient par place suivant l'intensité de la flamme et de la fumée ; il faut en effet faire la part du feu dans le décor des grès, lors même que ce décor est dû à la projection du sel par les ouvraux.

Les céramistes du xvie siècle, en France comme en Allemagne, tiraient parti de la plasticité de l'argile pour varier les formes des objets usuels et pour les décorer par des reliefs. Suivant la

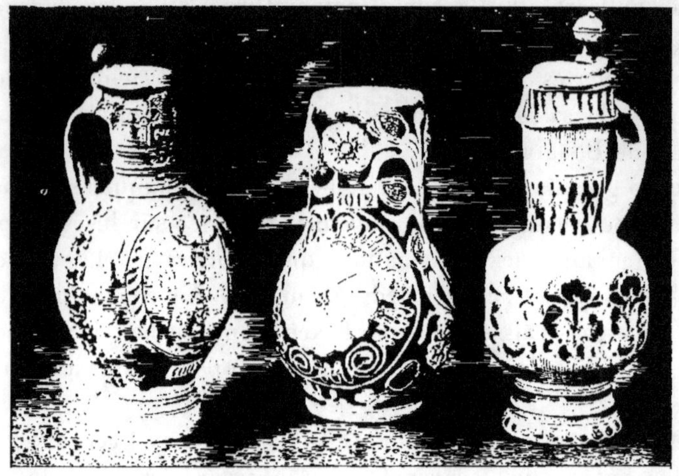

Fig. 112. — Grès du Westerwald, ornements bleus sur fond gris.
Cruche et pots à boire.

voie ouverte par Luca della Robbia en Italie et par Bernard Palissy en France, le potier devient un modeleur qui enrichit par la sculpture le col, la panse ou l'anse de son vase. Cependant les grès français, même ceux qu'enrichissent les reliefs, sont encore assez simplement décorés au xvie siècle. On conserve au Musée de Sèvres des gourdes à reliefs fleurdelisés, trouvées dans le lit de la Somme, et au Louvre une gourde aux armes de Montmorency, qui ne tirent leur décor que des effets de la glaçure verte, bleue ou bronzée couvrant inégalement les reliefs et les fonds.

Les grès allemands et flamands ont des colorations assez différentes. Tantôt, comme on le voit sur les grès bruns de Raeren
(près d'Aix-la-Chapelle), on se contentait du vernissage au sel
appliqué aux grès dont le décor était en relief ou en creux : le
décor en creux était fait directement dans la terre ; pour le décor
en relief, la pièce était moulée directement, ou si elle était tour-

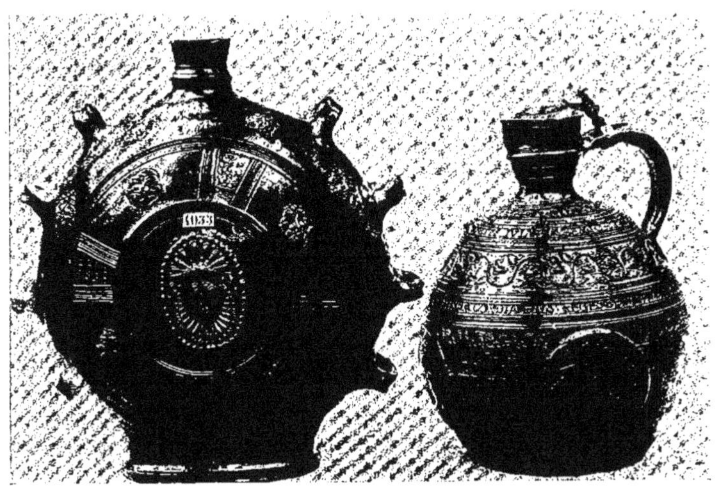

Fig. 113. — Grès bruns de Raeren (xviiᵉ siècle).
Cruche et gourde à oreillettes décorée de mascarons.

née les saillies décoratives obtenues par estampage dans des
moules de bois étaient rapportées. Tantôt on décorait la pièce
par des oxydes métalliques fondus dans une couverte mince.

Le décor des grès allemands est généralement compliqué : les
surfaces tournées des cruches, des pots ou des cannettes sont
surchargées de médaillons, de figures, de rinceaux et surtout
d'armoiries.

Les grès du Westerwald (Nassau) sont gris, enrichis d'un
décor d'émail bleu, qui joue différemment, suivant la profon-
deur des ornements gravés (fig. 112).

La terre employée dans le voisinage de Cologne, à Siegburg, est beaucoup plus blanche : la pâte a l'aspect des pâtes modernes de la manufacture de Sèvres. Les émaux de ces grès, qui étaient probablement appliqués sur cru, sont peu variés, ne s'écartant guère du bleu de cobalt et du violet de manganèse.

On est mal renseigné sur les centres de fabrication ; on croit que les grès allemands ont été surtout fabriqués près de Ratisbonne et de Bayreuth, mais d'autres fabriques devaient exister dans les provinces rhénanes où l'argile plastique est abondante. Les grès bruns de Raeren sont décorés plus simplement que ceux du Westerwald et l'effet en est meilleur (fig. 113).

Il en fut des grès comme des faïences fines au xviᵉ siècle ; leur fabrication subit une décadence, qui cessa au xviiiᵉ siècle pour la faïence fine, mais qui ne prit fin pour le grès que depuis un quart de siècle, lorsque les céramistes français appréciant à leur valeur les produits d'Extrême-Orient, entreprirent de renouveler la décoration céramique par le décor de grand feu des grès et des porcelaines. Ainsi ont pu être obtenues ces colorations variées, dont l'éclat est comparable au chatoiement des pierres précieuses, et qui ont acquis une véritable célébrité à nos céramistes, les Chapelet, les Delaherche (fig. 114), les Dalpeyrat, les Dammouse et aux chimistes qui comme MM. Lauth, Vogt, Bigot, etc..., se sont appliqués à renouveler par l'emploi de nouveaux oxydes les colorations flammées des grès.

Une étude récente faite par le regretté M. Vogt, chef des ateliers de Sèvres, sur des échantillons de terres et couvertes de céramiques chinoises, lui a permis de reconnaître la présence du mica dans les produits naturels dont sont composées les pâtes. En fait, certaines de ces pâtes de porcelaine qui ont reçu un décor au rouge flammé de cuivre, sont moins transparentes que les autres et ont une couleur bise voisine de celle du grès.

Le hoa-ché considéré par Brongniart comme la stéatite (silicate de magnésie), et qui entre avec les kaolin et les pé-tun dans la composition des pâtes chinoises, contient environ 47 % de silice, 37 % d'alumine, 10 % d'eau combinée et 4 % d'alcalis dont 3 de potasse.

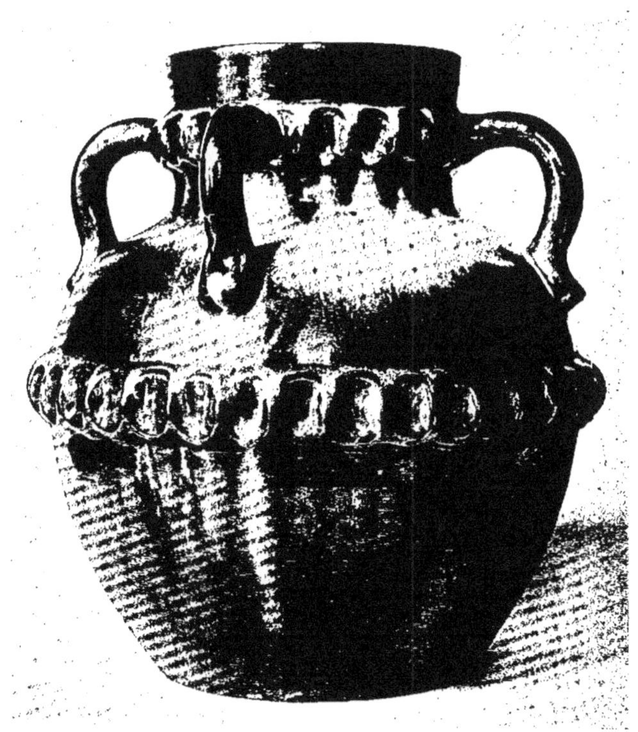

Fig. 114. — Vase en grès de Delaherche.
Décor bleu de cuivre avec traînées lumineuses sous les saillies.

La magnésie ne se trouve pas dans les hoa-ché qui, comme les kaolins, donnent la plasticité à la pâte, tandis que les pé-tun et les yeou-ko sont des roches fusibles, comparables au feldspath quartzeux ou à la pegmatite et qui donnent la transparence à la porcelaine. Les pé-tun (blanche pierre) ne sont parvenus en France, comme les autres matières entrant dans la composition des pâtes, que broyés finement et moulés en briques estampillées indiquant le lieu d'origine. Ils donnent à l'analyse 75 °/₀ de silice, 16 d'alumine, 1 d'oxyde de fer, 3 d'eau combinée et 6 d'alcalis (3 de potasse et 1 1/2 de soude).

Quant aux yéou-ko (pétro-silex fusibles) ils contiennent 78 °/₀ de silice, 13 d'alumine, 2 d'eau combinée, 0,5 d'oxyde de fer, 1 d'acide carbonique, 6 d'alcalis (3 de potasse, 2 de soude et 1 de chaux).

C'est par la présence du mica blanc qu'on explique une fusibilité plus grande des pâtes chinoises comparée à celle des pâtes dures de Sèvres. Aussi MM. Lauth et Vogt ont-ils étudié une nouvelle pâte se rapprochant des pâtes orientales et s'écartant de la pâte de porcelaine dure de Brongniart.

La pâte de grès, jaunâtre en feu oxydant, est d'un gris clair bleuté en feu réducteur.

Les études de M. Vogt ont été faites sur des produits communiqués par le consul de France à Han-Kéou, M. Scherzer, et grâce à lui on a reconnu que la matière plastique, kaolin ou hoaché, est un mélange où dominent la kaolinite ou le mica blanc, tandis que les matières fusibles (pé-tun et yéou-ko) sont formées de mica blanc, de quartz ou de feldspath, celui-ci généralement à l'état d'albite.

En général les pâtes chinoises, surtout celles qui reçoivent des couvertes de ton foncé, sont moins fines que nos pâtes de porcelaine française. L'une des plus siliceuses et des plus micacées est la pâte pour turquoises rapportée crue par Scherzer ; elle donne une porcelaine solide, de ton grisâtre et de transparence médiocre. Il semble d'ailleurs que toutes les pâtes chinoises doivent être cuites en feu réducteur pour acquérir la blancheur et la transparence. La porcelaine de Limoges et la porcelaine nouvelle de Sèvres se rapprochent beaucoup de ces pâtes chinoises.

Ce sont les matières fusibles de la pâte qui donnent la couverte blanche dans laquelle entre la chaux carbonatée. Les couvertes employées en Chine, le céladon, le laque bronze, le noir, le bleu, doivent leur coloration aux oxydes métalliques, fer et cobalt. Dans les couvertes bleues entre le manganèse cobaltifère ; le mélange des deux couvertes de fer et de cobalt donne le noir.

L'émaillage du grès, s'il est demandé au salage, est obtenu par la projection en trois fois de quart d'heure en quart d'heure, du sel marin dans les alandiers, à la fin de la cuisson.

Pour les couvertes elles sont de deux genres : transparentes et glacées.

Les couvertes transparentes, qui sont les mêmes pour les grès ou la porcelaine nouvelle de Sèvres, contiennent :

1° Feldspath des Pyrénées	42
2° Sable de Nemours	27
3° Kaolin argileux sec	13
4° Craie de Bougival	18

La couverte est préparée par mélange sans fusion préalable ; on la délaye dans l'eau épaissie par la gemme adragante et on l'applique au pinceau sur le grès cru.

Les colorations s'obtiennent en substituant plusieurs parties d'oxydes métalliques aux parties correspondantes du kaolin, soit :

Pour le jaune clair : oxyde d'urane	5	parties
Pour le jaune brun : oxyde rouge de fer pur	5	—
Pour le vert : oxyde de cuivre	4	—
Pour le bleu : oxyde de cobalt	3	—
Pour le violet : oxyde brun de manganèse	5	—
Pour le brun roux : carbonate de nickel	3	—

Les mélanges donnent les nuances.

Le rouge non flammé est dû à la silice ferrugineuse de Thiviers (Dordogne), dite grès de Thiviers, que l'on applique sous couverte.

Toutes ces couvertes colorées sont cuites en feu oxydant. Les couvertes demi-mates ou glacées composées en vue de la cuisson au feu réducteur sont préparées par mélanges et broyées ensuite.

Le mélange comprend :

Pegmatite	30
Kaolin pur	40
Sable lourd	28,5
Grès	20

On y ajoute pour le jaune :

Rutile naturel broyé	9,5

Pour le vert et le bleu gris :

Un mélange de rutile et de cobalt.

Le rouge flammé de cuivre exige une couverte différente. On fond d'abord au creuset :

Pegmatite	108
Sable quartzeux	126
Oxyde de zinc	15,5
Carbonate de baryte	36
Borax fondu	45
Carbonate de soude	16,5

Après fusion, le verre pulvérisé et broyé est mélangé pour 10 kilos, avec 0,200 d'oxalate de cuivre et 0,100 d'étain calciné.

Le rouge est obtenu en maintenant la flamme réductrice jusqu'à l'instant où la couverte entre en fusion. Si la réduction était prolongée, la pièce se colorerait en noir.

Pour les couvertes cristallisées, on mélange deux fontes à proportion de 85 % de l'une et 15 % de l'autre. La première contient :

Carbonate de potasse	138
Oxyde de zinc	162
Sable quartzeux	360

La seconde est formée de mêmes éléments en proportion différente :

Carbonate de potasse...................................... 69
Oxyde de zinc... 202
Sable quartzeux.. 350

La présence de l'oxyde de zinc nécessite la cuisson au feu oxydant.

La fabrication du grès à la manufacture de Sèvres a eu surtout pour objet les essais d'application de cette matière à la décoration monumentale. Ces essais ont figuré à l'Exposition universelle de 1900 et ont retenu l'attention. C'étaient des fragments d'un palais de la céramique, dont la porte seule a été exécutée et est actuellement conservée dans le square de Saint-Germain-des-Prés. C'était aussi une fontaine à couvertes cristallines, dont des fragments ont été conservés.

On a pu constater que la variété du décor de grand feu, très appréciable pour une poterie, risque de décomposer les lignes d'une décoration architecturale, parce que, dans un effet d'ensemble, ces variétés et ces mélanges de tons produisent pour le spectateur une impression de confusion.

D'autre part, la matière, plus résistante assurément et moins coûteuse que la porcelaine, ne peut cependant former des assises de construction ; il lui faut l'appui d'un noyau portant les charges et dont elle forme le revêtement.

Dans ces conditions, on peut se demander si le grès, préférable à la faïence pour la durée, parce que l'émail ne risque pas de s'écailler, ne devrait pas être employé sous forme de petits éléments ajustés les uns avec les autres suivant la méthode inaugurée en Perse pour les pièces de faïence formant une mosaïque de revêtement.

D'autres essais faits par M. Delaherche, indiquent le beau parti décoratif qu'on pourrait tirer de précieux motifs : rosaces en

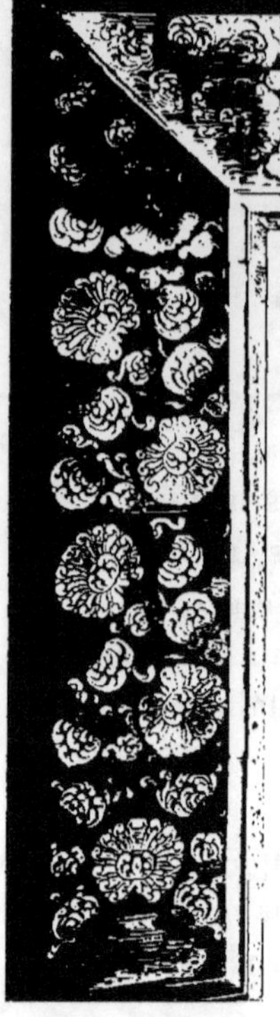

Fig. 115.
Rétrécissement en grès d'une cheminée de Delaherche. Salon à l'hôtel P. M., 42, av. de Villiers. Décor de chrysanthèmes en rouge flammé.

rouge flammé, panneaux à décor de grand feu, mis en valeur sur un parement uni de briques faisant valoir en quelque sorte la matière précieuse (fig. 115).

Nous sommes certainement à l'aube d'une rénovation de la céramique architecturale et elle sera d'autant plus rapide que nous aurons mieux étudié les méthodes anciennes pour en faire l'application à la fabrication moderne en vue du renouvellement du décor de nos édifices, dont le fer et la céramique bien combinés peuvent former les éléments essentiels.

Une application très importante du grès a été faite aux carrelages céramiques.

On a repris l'idée, appliquée au carrelage de Saumur vers la fin du xive siècle, de super-position à la pâte faisant le fond du carreau, fabriqué à la presse, d'une couche mince de terre colorée versée en poudre dans un cloisonnement mince (en zinc) pour éviter les mélanges de tons ; les cloisons minces sont retirées dès que les pâtes colorées sont placées, et le complément du carreau est fait en terre de même nature mais incolore. Une pression très énergique, transmise à deux pistons, comprime et agglutine la matière pulvérulente contenue dans une boîte en fonte et les carreaux sortent de la presse prêts à être enfournés.

M. Bigot fabrique de même les briques destinées à recevoir

un émaillage : la matière en poudre est aussi versée dans le
moule, où a été posée d'abord la matière colorante ou l'émail.
C'est une économie de temps et d'argent puisqu'on gagne le
temps nécessaire au séchage. On a même cherché à économiser
la fonte de l'émail : on se contente de le broyer, de le passer à la
meule et au blutoir en réunissant la matière colorante et le fondant.

XIII

LA PORCELAINE

La porcelaine dont la pâte est de composition analogue à celle
du grès, s'en distingue par la translucidité. C'est une matière
vitrifiée : ses éléments principaux sont le kaolin et la pegmatite
(feldspath quartzeux), cette matière aidant à la vitrification de la
pâte. C'est elle aussi qui constitue la glaçure ou couverte : elle
est alors mélangée avec du carbonate de chaux.

La pâte de la porcelaine est formée de matériaux dont le broyage
et le mélange doivent être poussés très loin. La pâte est courte,
difficile à façonner, sensible, lors de la dessiccation ou de la cuisson, aux différences de densité résultant d'inégalités de pression
dans le façonnage.

La porcelaine admet trois modes de façonnage : le tournage
pour les pièces rondes, le moulage et le coulage.

L'ébauche pour les pièces tournassées est faite à la « balle »
et c'est le tournassage fait avec soin qui donne la finesse des
contours.

Quel que soit le mode de moulage à la « balle » ou à la
« croûte », les pièces moulées doivent être réparées.

La double cuisson, d'où le terme biscuit, est utile pour affer-
mir la pâte en la dégourdissant et facilite ainsi l'application par
immersion de la couverte, qu'on emploie aussi par insufflation
et par application au pinceau.

Comme la pâte s'amollit à la température très élevée des

fours, de grandes précautions sont à prendre pour « l'encastage ». La forme des étuis ou « cazettes » s'adapte à celle des pièces creuses, plats, etc... Pour les figurines moulées on emploie des soutiens provisoires, qui doivent être en même matière à cause du retrait. Le retrait de la terre qui se produit, après le dégourdi, atteint presque un huitième.

Les fours sont à deux étages et à plusieurs « alandiers ». Le chauffage au bois est préféré pour éviter l'action sur la porcelaine des gaz de la houille. La régularité du feu est assurée par un mur construit devant l'alandier, rejetant les flammes en éventail avant qu'elles redescendent vers la cheminée d'appel partant de la sole du four pour aboutir, par des carneaux, aux compartiments supérieurs.

Pour des pièces de dimension exceptionnelle, on emploie des procédés particuliers de soufflage de la pâte (procédés d'Ebelmen et de Regnault). On utilise la pression de l'air pour fixer et soutenir la pâte qui se dépose en montant contre les parois du moule de plâtre en perdant son eau. On emploie soit l'air comprimé, soit la pression atmosphérique en faisant le vide contre les parois.

Sauf étude nouvelle sur les produits vitrifiés de fabrication égyptienne, la porcelaine semble avoir été inconnue des anciens ; même en Chine on n'a retrouvé dans les fouilles des palais contemporains des dynasties des Han et de Than (IIe siècle avant J.-C. à VIIe siècle de notre ère) que des produits céramiques assez grossiers. La fabrication soignée de la porcelaine ne paraît pas antérieure en Chine à la dynastie des Song (Xe-XIIIe siècle de notre ère) et c'est au XVe siècle, d'après les inscriptions relevées sur les plus beaux vases, qu'elle aurait atteint à son apogée. Les porcelaines de la Chine furent introduites en Europe par les Portugais, au XVIe siècle et c'est seulement du XVIIIe siècle que datent les premiers essais de fabrication en Saxe.

Antérieurement on avait tenté en France d'obtenir artificielle-

ment des pâtes translucides par broyage fin et lavage à l'eau
bouillante d'une fritte contenant du nitre, du sel marin, de
l'alun, de la soude d'Alicante, du gypse et du sable de Fontai-
nebleau, mélangée avec un quart de craie blanche et de marbre
calcaire. Le vernis était un véritable verre composé, comme le
cristal de silice, d'alcali (potasse ou soude), de litharge.

Les premiers essais de porcelaine tendre ou de porcelaine
frittée furent faits à Saint-Cloud en 1695 et on déclarait les
produits de la manufacture de Saint-Cloud supérieurs à ceux de
la Chine. Des manufactures similaires s'établirent à Chantilly,
à Mennecy-Villeroi, à Vincennes.

C'est à la manufacture de Vincennes, établie dans le château,
que fut accordé, en 1745, un privilège confirmé par Louis XV
lors du transfert de Vincennes, à Sèvres, de la manufacture qui
fut acquise par le roi en 1760 et demeura un établissement de
l'État.

La pâte n'étant pas liée ne se prêtait pas au façonnage par
ébauche ; les pièces étaient moulées et réduites à leur épaisseur
par le tournassage à sec. C'est seulement en 1761 que le directeur de la manufacture de Sèvres acquit d'un sieur Hanlong,
fabricant à Hagueneau, le secret de la fabrication de la porcelaine dure de Saxe qui fut mis presque immédiatement à profit
après la découverte dans le Limousin, à Saint-Yrieix, d'importants gisements de kaolin semblable à celui de la Chine. Pendant
plusieurs années on fabriqua simultanément, à Sèvres, la porcelaine tendre artificielle et la porcelaine dure due aux produits
naturels. Sous la direction de Brongniart (1800-1848), la fabrication de la porcelaine dure, rebelle au décor de grand feu, fut
seule pratiquée. Elle avait l'inconvénient de limiter considéra-
blement, à cause de la haute température de cuisson, l'emploi
des oxydes et notamment du cuivre qui se volatilisait. On en
vint donc à décorer la porcelaine dure à l'aide de couleurs
vitrifiables, fusibles au feu de moufle. On attachait alors trop

d'importance à une perfection d'exécution qui s'appliquait à des œuvres décoratives du goût le plus contestable et l'absence de goût caractérise la période désastreuse pour la céramique qui s'étend de la fin de la Restauration au second Empire.

C'est l'étude des porcelaines de la Chine et du Japon qui nous a ramenés au sentiment juste de la valeur d'une forme et des moyens de la décorer. On a reconnu que la terre, comme toute autre matière, doit se décorer par elle-même, que la forme d'un vase, résultant du tournage ou du moulage, doit se suffire à elle-même, sans le secours d'armatures de métal.

On a constaté en même temps que les plus beaux vases orientaux tirent leur plus grand effet de la variété des nuances résultant sur une même pièce de l'action du feu oxydant ou réducteur et que la direction intelligente de la cuisson peut donner de tels résultats qu'une belle pièce demeurera toujours une pièce unique, vu l'impossibilité où se trouve le céramiste de créer deux objets semblables.

On s'est familiarisé avec la beauté de ces verts ambrés, de ces rouges flammés, de ces bleus profonds à traînées lumineuses d'un bleu plus clair, qui parent magnifiquement les formes simples et belles des porcelaines et des grès d'Extrême-Orient.

Comme il arrive souvent c'est l'initiative privée qui a devancé celle de l'État.

Depuis un quart de siècle, les Chapelet, les Delaherche, les Dammouse, les Dalpeyrat, etc..., nous ont fait connaître par leurs œuvres la richesse des colorations de grand feu appliquées à la porcelaine et au grès. Ils ont su trouver des formes simples appropriées au tournage de la terre, indiquant par quelques lignes saillantes, par quelques coups de pouce, les alternances d'ombre et de lumière, prévoyant, par ce mode de décoration sommaire, les brillantes traînées des émaux (fig. 114). Ils ont appliqué à la terre les procédés de décor en creux donnant des nuances par dépôt d'émail. Ils ont imaginé, dans l'encastage des pièces, des procédés permettant de diriger en quelque sorte la flamme oxydante ou réductrice sur les points où ils voulaient développer telle ou telle coloration.

Ils ont ainsi démontré qu'un seul métal, le cuivre, qui donne les rouges flammés à reflets bleus des vases orientaux, donnait aussi toutes les nuances du bleu et du vert, passant même par le blanc, et ils ont pu, par exemple, obtenir sur les plumes d'un paon formant le décor, les éclatantes nuances dont la nature leur suggérait l'idée.

En 1882, MM. Lauth et Vogt dotaient à leur tour la manufacture de Sèvres d'une nouvelle pâte de porcelaine, se rapprochant de celle des porcelaines chinoises, qui ayant une température de cuisson moins élevée que la porcelaine dure se prêtait mieux au décor du grand feu. Dès 1884, des essais de rouge flammé étaient faits presque simultanément par le céramiste Chapelet et dans les manufactures d'Hache à Vierzon et d'Haviland à Limoges. En 1888, on constatait à l'Exposition universelle de Copenhague que l'orientation donnée par les céramistes français était suivie en Danemark, où l'on utilisait les essais de décoration givrée par cristallisation faits à Sèvres.

On faisait mieux encore. Suivant la méthode française, renouvelée par l'enseignement de Viollet-le-Duc, la nature bien observée fournissait les thèmes d'un décor que les céramistes danois ont limité à l'emploi de tonalités bleues et grises, évitant ainsi toute note discordante.

En France, on voyait exposés, dès 1884, de beaux spécimens de porcelaines et de grès colorés en rouge flammé, en bleu turquoise. Le passage de M. Deck, comme directeur, à la manufacture de Sèvres, donna aux recherches des céramistes une orientation un peu différente : il tendait à reconstituer une pâte tendre recevant sous couverte les colorations les plus chatoyantes.

Ce n'était pas un progrès : car on ne faisait que reprendre

la tradition italienne des peintures aux tons chatoyants appliquées sur dégourdi et recouvertes par un vernis fusible à basse température, au lieu de chercher pour la porcelaine le décor magnifique et inaltérable qui se développe à la température de cuisson des pièces.

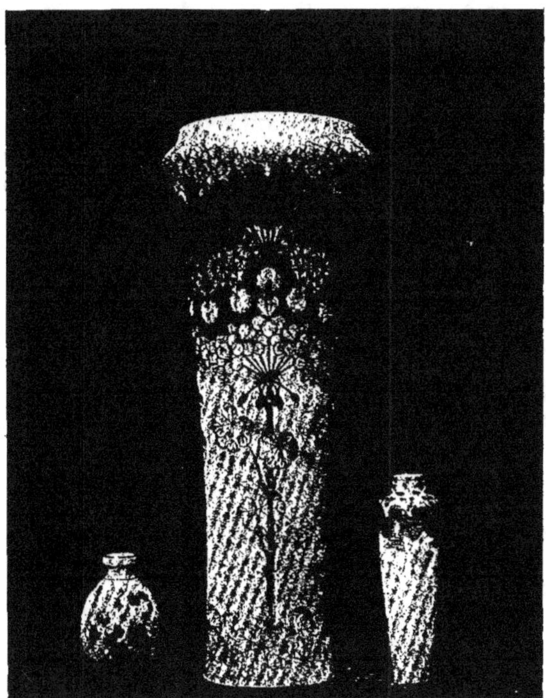

Fig. 116. — Trois vases à fleurs en porcelaine décorée
sous couverte de la Manufacture de Sèvres.

Une nouvelle organisation administrative de la manufacture, dans laquelle le chimiste Vogt fut le directeur technique et l'architecte Sandier le directeur artistique des travaux, s'attacha à faire revivre, en abandonnant un peu le décor au feu de moufle, les décorations au grand feu que facilitait l'emploi de la porcelaine

nouvelle, de composition analogue à la porcelaine chinoise. On
fit appel à de jeunes artistes pour le renouvellement des formes
appropriées à la plus belle des matières (fig. 116). On proscrivit
les armatures métalliques; on décora les vases sur couverte et

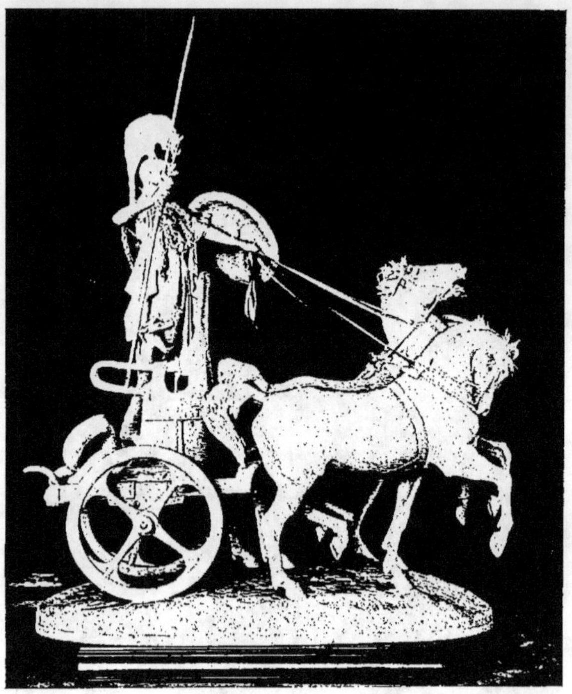

Fig. 117. — Surtout de Frémiet en biscuit de Sèvres,
représentant le triomphe d'Athéna.

sous couverte, en étudiant des motifs adaptés aux formes et composés pour elles. On continua d'ailleurs à Sèvres les essais de
reconstitution de porcelaine tendre en même temps qu'on entre-
prenait d'appliquer le grès cérame à l'architecture. Enfin, on
commandait à des sculpteurs des œuvres spécialement composées
pour être exécutées en biscuit au lieu de reproduire en porcelaine
à échelle réduite des ouvrages de marbre ou de bronze.

L'Exposition de 1900 a fait connaître certains de ces ouvrages,
destinés à former « surtout de table » et qui sont dus aux sta-
tuaires Frémiet et Léonard. Les œuvres de Frémiet (Hercule,
Persée, Minerve, Diane) (fig. 117) sont des œuvres de grand

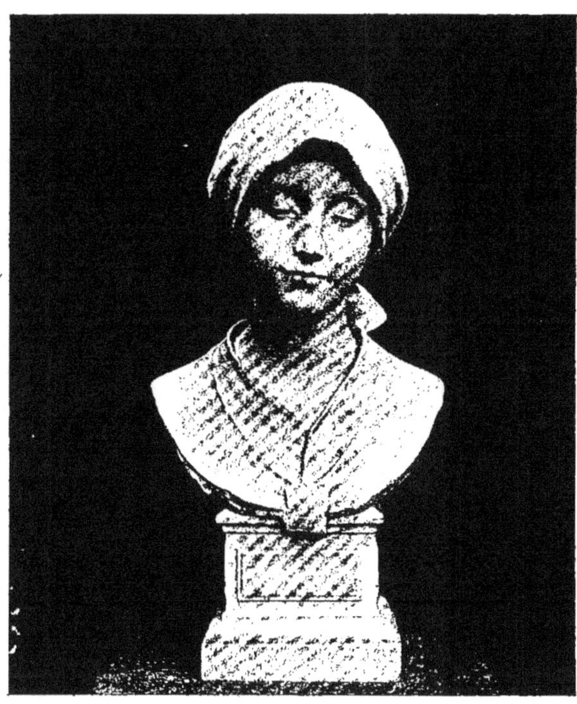

Fig. 118. — Buste en biscuit de Sèvres par Léonard.

style caractérisant, par l'élégance des formes et des ajourages,
l'admirable matière employée, plus favorable peut-être aux
effets de transparence que le marbre, ainsi qu'en témoigne un
buste charmant du sculpteur Léonard (fig. 118).

Ses danseuses, évoluant avec leurs écharpes en mains (fig. 119)
autour d'une musicienne, évoquent le souvenir des danseuses

antiques du Musée de Naples, tout en conservant une liberté d'allure et un caractère absolument modernes.

Il faut citer encore un surtout de Gardet, représentant des scènes de chasse.

Ce sont bien là des types de composition décorative, accordant la forme avec la qualité de la matière. Ce sont sans doute des ouvrages de luxe, mais qui, grâce à la nouvelle pâte de porcelaine, sont aisément réalisables.

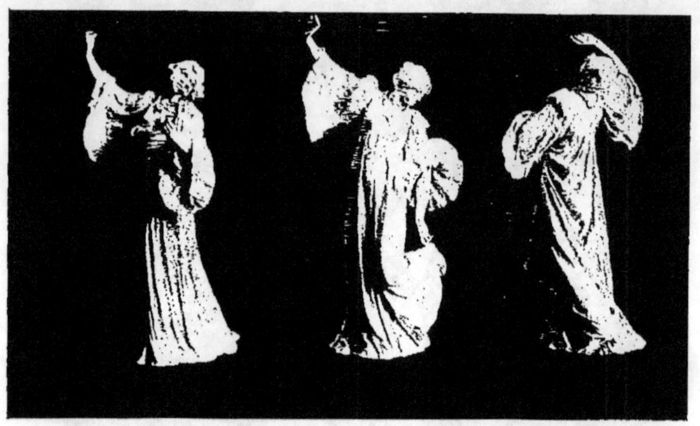

Fig. 119. — Groupe de danseuses en biscuit de Sèvres par Léonard.

A côté de ces ouvrages figurait en 1900 une remarquable série d'objets usuels, vases, coupes, tasses, etc..., qui, par la magnificence des émaux appliqués à des formes simples, rendaient compte des ressources qu'on peut attendre d'un art qui est aussi une science, puisqu'il suppose la pratique de la chimie et justifie cette qualification qu'on donnait aux travaux du verre et de la terre en les classant parmi les « arts du feu ».

Sur des vases de forme simple, s'étalent des chrysanthèmes ou des vignes-vierges ; sur d'autres brillent des plumes de paon aux couleurs éclatantes dues à la fusion des oxydes dans la couverte.

On a utilisé aussi pour le décor, l'application sur cru d'oxydes métalliques à peine fusibles fixés ensuite sous l'émail. Ce mode de décoration ne nécessite pas un double passage de la pièce au feu. C'est peut-être le plus logique qui puisse être appliqué à la terre.

Quelques vases de Sèvres, l'un sur lequel sont interprétés des cygnes, l'autre qui est décoré de grappes d'ébénier, peuvent caractériser ce procédé appliqué simultanément à l'ancienne porcelaine dure et à la nouvelle. On tend même, pour cette dernière, à abandonner la double cuisson. La couverte est obtenue directement au four et les émaux sont fondus avec elle suivant la méthode chinoise. Dans certains cas, on a juxtaposé les couvertes colorées pour éviter de détruire le dessin par les coulures.

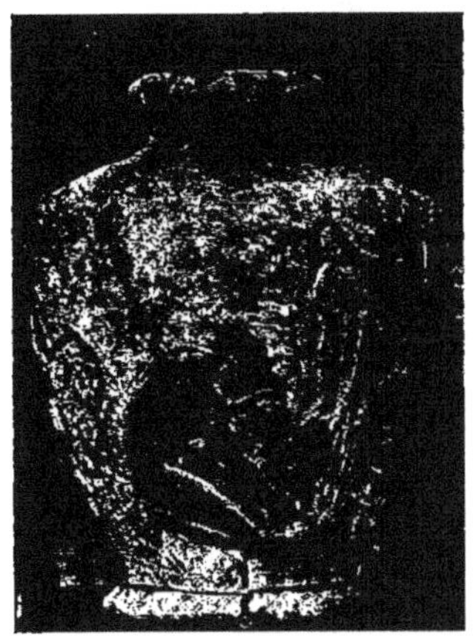

Fig. 120. — Vase en pâtes de verre colorées par Cros.

Parfois aussi on a usé de l'application de pâtes colorées (fig. 120); c'est le procédé usité pour quelques vases de Sèvres. On l'a employé pour la grande frise en grès cérame du palais des Beaux-Arts, avenue d'Antin, frise exécutée par M. Drouet, d'après les cartons du peintre Joseph Blanc. Ici on a indiqué en creux le dessin des figures, qu'on a rempli de pâte colorées localisées en quelque sorte dans des cloisons.

L'industrie privée n'est pas restée en arrière : les faïenciers et porcelainiers semblent abandonner les reproductions banales de modèles anciens pour des ouvrages d'un caractère pratique utilisant les qualités techniques de la matière et dont la forme et le décor s'accordent avec le goût moderne.

XIV

CÉRAMIQUE ARCHITECTURALE MODERNE

Les études sur la céramique ancienne établissent qu'à chaque civilisation correspondent un état particulier de la fabrication, un choix de la terre, une température de cuisson, un mode de décor ; elles révèlent aussi comme très anciennes les applications de la céramique à l'architecture. Il est intéressant de rappeler, en quelque sorte étapes par étapes, les progrès accomplis et d'en déduire ce qu'on peut attendre de la terre pour le développement et la réalisation des programmes modernes.

En Égypte, ce sont des glaçures bleues ou vertes, sous lesquelles apparaît le dessin noir, qui enrichissent des terres ou frittes siliceuses propres à recevoir ces glaçures. L'émail est utilisé par incrustation dans le calcaire, le bois ou le métal. En Chaldée et en Perse, les matériaux façonnés, les briques forment des assises de construction ; le parement de ces briques estampées dans des moules reçoit des émaux terreux ou des émaux brillants, et par l'assemblage de ces briques est réalisé un décor continu, formant un revêtement d'une extrême richesse, qui est l'origine de toute la décoration musulmane.

Le décor céramique par assises de briques, ayant leur parement émaillé, s'est propagé de la Chaldée jusque dans le Turkestan et dans l'Inde, et, suivant les circonstances, c'est en matériaux de construction posés par encorbellement pour former des voûtes, ou en petits matériaux de revêtement, constituant par leur assemblage une mosaïque, dont les joints dessinent le décor, que les Orientaux ont employé la céramique.

Dans le Maroc et en Espagne durant la domination des Maures, s'est développée cette combinaison de mosaïque de terre émaillée, tandis qu'en Perse, dès le XIIIe siècle, était pratiqué un autre mode de décoration, celui qui par la réduction de métaux, argent ou cuivre, sur la couverte, donne à la pièce ainsi décorée un aspect irisé à reflets métalliques.

Depuis des découvertes récentes, nous savons que, dès la fin du XIVe siècle, le décor mordoré des faïences, qui s'était implanté en Espagne, était pratiqué aussi en France et particulièrement à Poitiers, où l'un des frères de Charles V avait appelé un Sarrasin de Valence, pour enseigner à nos céramistes les procédés de décoration usités en Orient.

Nous avons constaté en même temps en rapprochant des carreaux émaillés provenant des carrelages d'anciens édifices de l'Anjou et du Poitou, de l'église de Doué-la-Fontaine, de l'abbaye des Chateliers, de l'abbaye d'Asnières et en dernier lieu du château de Saumur, que du XIIe au XVe siècle on n'avait pas cessé de fabriquer en France des carrelages formés, comme les revêtements des palais mauresques, de petits éléments juxtaposés par leurs contours et combinés pour former par leur assemblage de grandes compositions décoratives, tirant leur effet non des émaux couvrants à base d'étain mais d'émaux transparents ou de glaçures qui mettaient en jeu les tons variés des terres, depuis le blanc jusqu'au rouge foncé, le moulage des carreaux réservant dans la terre de fond, qui est généralement la plus foncée, des alvéoles que remplissait la terre claire, à l'aide de laquelle on réalisait l'ornement.

Nous avons constaté à Saumur, dans les carrelages du XIVe siècle provenant du château édifié pour un autre frère de Charles V, que la terre la plus claire avait été utilisée comme fond, avec relief d'ornements correspondant à l'apport sur le fond d'une terre rougeâtre qui a donné sous la glaçure un ton grenat, tandis que la terre blanche a pris un beau ton doré qui met en valeur la saillie décorative.

D'ailleurs, sur d'autres échantillons de Saumur apparaissent des incrustations de terre brune dans la terre blanche ; on peut en conclure que les procédés de décorations des faïences dites de Henri II, d'Oiron ou de Saint-Porchaire étaient connus dès la fin du xive siècle et qu'ils ont été développés au xvie siècle pour les pièces de luxe dont la commande est attribuée à Hélène de Hangest.

Si le décor par émaillage et par incrustation de terres d'une coloration différente s'était développé du xiie au xve siècle, dans les provinces françaises du centre, riches en matériaux lapidaires, dans d'autres provinces moins favorisées, et particulièrement dans le Languedoc et les Flandres aussi bien que dans l'Italie du Nord, les matériaux façonnés avaient fourni tous les éléments de construction et de décor. C'est l'époque où s'élèvent en France les grands clochers de Saint-Cernin, des Jacobins et du Taur à Toulouse, celui de l'Isle d'Albi, ceux de l'église Saint-Jacques de Montauban, des églises de Caussade et Négrepelisse ou encore ceux de San-Gottardo à Milan et de Chiaravalle près de Pavie.

L'émail est rarement employé pour la brique, en Occident : on n'a guère d'autres exemples à citer que les tombeaux de Bologne ou la façade d'une petite église de San-Gemignano.

Mais dès le xve siècle l'art italien développe la décoration par moulage de la terre ; on réalise ainsi des pièces affectant des formes de tympans ornés, d'arcatures, de corbelets, d'écussons, et à côté de combinaisons simples, dont le palais public de Stenne et le palais Guinigi de Lucques sont les types, on trouve au xve siècle, soit à Pise sur la façade du Palais Agostini au Longarno, soit à Milan sur celle de l'Ospedale Maggiore, des baies dont les remplissages sont formés de pièces moulées, des appuis, des corniches à arcatures dont la place est ménagée dans la construction et qui orientent l'art italien vers une autre application de la terre cuite, celle de l'emploi de la figure. Les cloîtres de la Chartreuse de Pavie, avec leur exubérant décor de statuettes, de consoles, de médaillons, de frises et de corniches de haut relief, abrités sous des combles très saillants, fournissent les exemples les plus complets de ce nouveau mode de décoration.

Un sculpteur florentin, Luca della Robbia, va plus loin. A l'époque où se fondent en Toscane des fabriques de faïences, il a l'idée de couvrir d'émail blanc les nus de ses figures, d'émail bleu les fonds ou les draperies, d'émail jaune ou d'émail vert les feuillages et les fruits à l'aide desquels il constitue les cadres de ces reliefs émaillés. Ainsi se fonde dans sa famille une école de céramistes dont l'œuvre la plus remarquable est la célèbre frise du portique extérieur à l'hôpital de Pistoja.

Vers le même temps, Bernard Palissy reprenant, en France, la tradition déjà ancienne des émaux durs à base de cuivre, de fer, de manganèse ou de cobalt et les appliquant à un décor de haut relief, détermine ces mélanges ou ces fusions d'émaux qui enrichissent les couvertes de tons vigoureux et chatoyants. Nous n'avons pas conservé les célèbres grottes de Palissy, mais nos musées ont recueilli en grand nombre ses plats rustiques, ses coupes et jusqu'à ses poinçons de combles qui caractérisent une des applications les plus intéressantes de la céramique à l'architecture.

Les matériaux façonnés étaient encore en grand honneur au début du xviie siècle. On construisait en briques les châteaux contemporains de Henri IV et de Louis XIII. La place des Vosges à Paris (ancienne place Royale), et la place Nationale de Montauban sont parmi les premiers exemples d'ordonnances régulières réalisées à l'aide de la brique.

Mais depuis cette époque, l'emploi d'ordonnances colossales en pierre, que l'influence italienne avait introduites en France, fit écarter pour longtemps l'usage de la brique qu'on dissimula sous des revêtements de plâtre pour exécuter économiquement des ordonnances tracées suivant la bonne formule.

Les nécessités de construction maintinrent l'usage de la céramique pour les cheminées et les poêles, et c'est peut-être à cela que nous devons la conservation d'ateliers de céramique à Paris.

D'autre part, l'emploi du fer dans la construction, qui s'est généralisé depuis le milieu du siècle dernier, exigeait pour les hourdis, reposant sur les ailes des fers, des combinaisons moins rudimentaires que celle de paillasses en plâtras. On reprit donc la fabrication des briques et en particulier des briques creuses pour les hourdis des planchers et, comme on avait reconnu l'inconvénient des enduits en plâtre pour les pièces exposées à l'humidité, on eut l'idée d'émailler le parement des briques employées dans les hourdis, cintrés ou non.

On reprenait en même temps la fabrication des tuiles émaillées qui avaient orné du xve au xvie siècle les toitures des édifices bourguignons, par exemple de l'ancien Hôtel-Dieu de Beaune, et la restauration de nos monuments anciens détermina ce retour à une fabrication ancienne qui n'a pas donné jusqu'ici tous les résultats qu'on en attendait. Cela tient en partie aux défauts d'une fabrication trop rapide et trop économique, qui a modifié complètement le mode de préparation des terres et les méthodes de séchage et de cuisson. Tandis que, fidèles à l'ancienne tradition, quelques céramistes, entre autres M. Lœbnitz, conservaient la préparation par marchage de la terre, ainsi bien malaxée, et la préparation dite « en terre molle », on s'efforçait de réaliser mécaniquement dans de nouvelles fabriques, le malaxage, le laminage et l'étirage de la terre : on exécutait la brique et la tuile en terre ferme ou dure, sans employer l'eau qui donne toujours la meilleure liaison des terres plastiques. Aussi, malgré la compression dans des moules, des failles ou fissures se sont produites, lorsque, par porosité, la terre a été perméable à l'eau dont la gelée a augmenté le volume, déterminant le feuilletage des pièces ainsi préparées.

Le défaut est encore plus sensible pour les produits émaillés.
Même si l'on écarte les émaux couvrants à base d'étain et si on
leur préfère les émaux transparents, l'acide stannique étant réservé

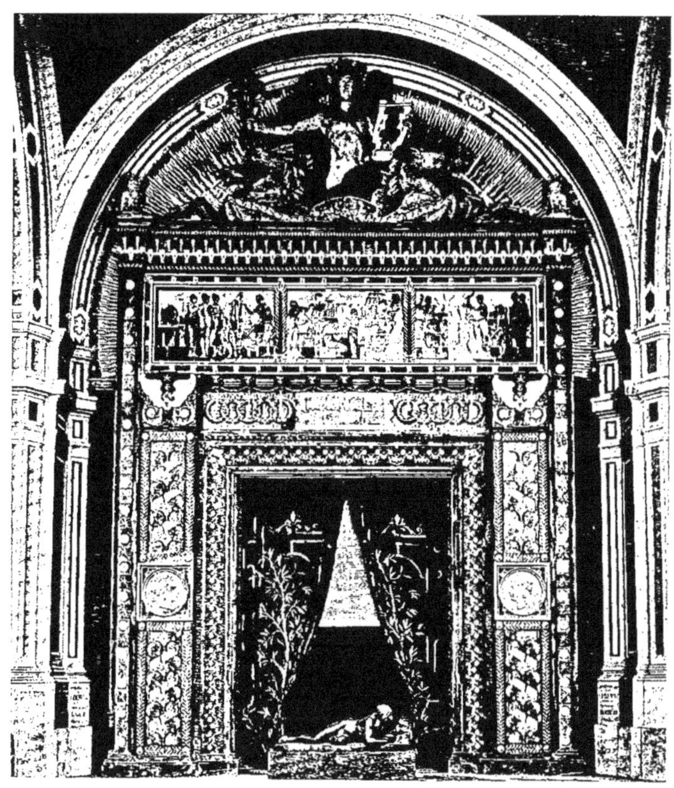

Fig. 121. — Porte en céramique de l'Exposition de 1878.
Composition de P. Sédille, exécution de Lœbnitz.

pour l'émail blanc, il est souvent nécessaire pour corriger les
irrégularités de la terre de la recouvrir d'une légère couche ou
engobe de terre blanchâtre dont l'usage est extrêmement dangereux si l'engobe et la pâte ont des dilatations ou contractions
différentes. Il faut encore que la terre ait la même contraction

que l'émail et que la cuisson de la pâte coïncide avec la fusion de la couverte qu'il est désirable d'appliquer sur terre crue : il y a plus de chance, en effet, de réaliser ainsi l'incorporation des deux matières, qui serait plus difficile à obtenir si l'émail était appliqué sur la terre déjà cuite et surtout s'il était fusible à une température différente de celle de la cuisson.

Le plus souvent, pour faciliter le travail de l'émailleur, l'émail est posé sur terre dégourdie, entre traits de sertissage, soit en creux, soit en relief, traits exécutés le plus souvent par moulage, mais qui, s'ils sont en creux, peuvent être faits directement dans la terre.

Pour obtenir la fabrication régulière des briques faites dans des moules à vives arêtes, on les sèche artificiellement par un courant d'air chaud tel que celui qu'on obtient dans les calorifères du système Michel Perret et on les cuit dans des fours continus des systèmes Hoffmann ou Siemens.

Si la brique émaillée est en contact avec l'humidité du sol, l'émaillage est dangereux parce qu'il enferme l'humidité à l'intérieur des briques poreuses. A la suite d'accidents survenus à des briques émaillées posées dans des souterrains, on a eu l'idée de les remplacer par des briques de grès ou de porcelaine. Mais la fragilité de la pâte vitreuse de la porcelaine la rend impropre à porter des charges ; le grès ne présente pas les mêmes inconvénients et il peut, comme la porcelaine, recevoir par émaillage des colorations de grand feu.

L'homogénéité de la terre est aussi importante pour la tuile que pour les briques. L'idée d'un double recouvrement de la tuile, écartant l'eau des joints, était bonne assurément, mais la fabrication mécanique de ces tuiles en terre dure a donné de mauvais résultats et on est revenu peu à peu à la fabrication ancienne en terre molle.

Dans la région parisienne, on emploie généralement pour la tuile, l'argile verte ou l'argile bleue du bassin de la Seine, l'argile réfractaire du bassin de l'Yonne et le sable jaune de Villejuif. La terre trempée dans les fosses et malaxée par des mélangeurs est mise en pains et portée à la presse, dont le moule inférieur

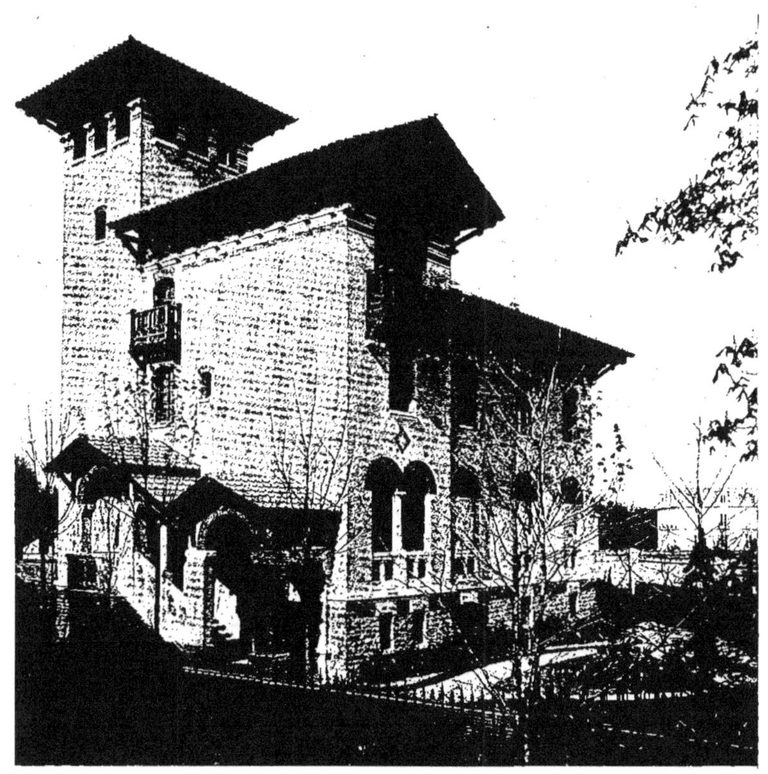

Fig. 122. — Villa boulevard de Boulogne. Œuvre de L. Magne.
Emploi de la terre cuite pour les appuis et de la faïence pour les frises
sous les auvents de charpente.

garni de plâtre reçoit la terre écrasée graduellement par le moule supérieur. Les tuiles ébarbées restent près d'un mois dans les séchoirs souvent placés au-dessus des fours ; pour éviter le gauchissement et même la fente des tuiles, on n'active pas le séchage par la ventilation.

L'émaillage du pureau des tuiles donne des résultats médiocres si elles sont fabriquées mécaniquement ; l'émail adhère de préférence aux tuiles en terre molle fabriquées à la main, dans des moules de plâtre ou de bois.

Pour la terre cuite, dont les applications tendent à se développer avec la construction métallique, les pièces moulées ou modelées doivent avoir des dimensions fixes : il importe donc que la terre ait un retrait très régulier.

Les moules en plâtre sont formés de pièces enchapées pour faciliter le démoulage. Le moulage se fait au moyen de lamelles ou croûtes de terre qu'on estampe au pouce : la pâte est constituée en général par un mélange de terre plastique (dégraissée par un ciment de terre cuite broyée), de feldspath et de marne blanche.

Le séchage doit être fait avec soin ; on se sert pour l'encastrage de briques et de terre réfractaire, préservant les pièces de l'action du feu. Comme pour les porcelaines, on commence par un feu lent de dix-huit à vingt-quatre heures, suivi d'un grand feu dont on apprécie l'intensité par les « montres » de cuisson.

La terre cuite au grand feu se distingue du grès en ce qu'elle ne subit pas, comme lui, un commencement de vitrification et en ce qu'elle n'est pas inattaquable aux acides. Lorsque la terre est homogène et que les reliefs ont été bien étudiés pour éviter les séjours d'eau, la terre cuite résiste suffisamment sous notre climat.

Au point de vue de la décoration, il importe de ne pas multiplier les tons d'émail. C'est une observation qu'on peut faire sur les œuvres de l'école des della Robbia.

Lorsqu'en 1878, l'architecte Paul Sédille essaya de reconstituer avec la terre émaillée une porte monumentale pour le palais des Beaux-Arts (fig. 121), il se contenta sur un fond jaune, de trois tons, le vert, le blanc et le brun, pour les ornements laissant dans le ton de la terre des parties non couvertes.

Vers la même époque, j'employais pour une villa du Bois de Boulogne, la terre émaillée pour la décoration de frises et de tympans abrités sous des auvents en charpente et j'utilisais la terre cuite pour des appuis de fenêtres (fig. 122).

Ces essais de céramique ont été continués à l'Exposition de 1889 où, dans les palais édifiés par M. Formigé, la coloration

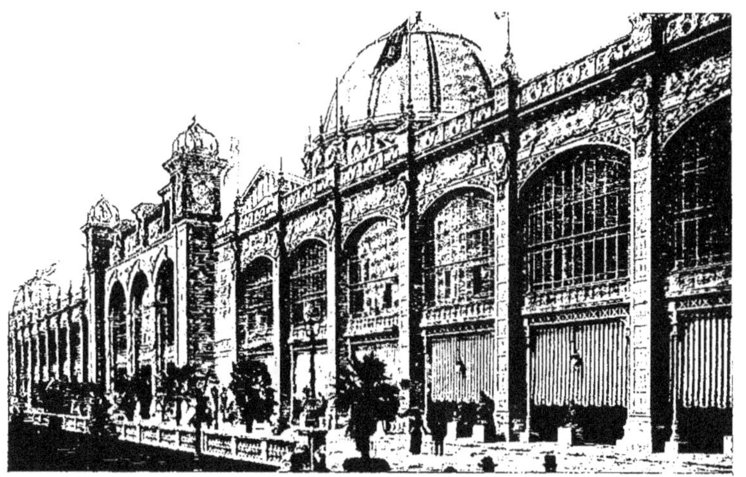

Fig. 123. — Palais des Beaux-Arts de l'Exposition universelle de 1889. Composition de Formigé, exécution de Lœbnitz.

bleu des fers s'harmonisait avec le ton de la terre cuite et l'or (fig. 123).

J'en ai fait un nouvel essai pour le pavillon de la Grèce, édifié en 1900 sur le quai d'Orsay et réédifié depuis sur la route d'Athènes à Phalères (fig. 124). La céramique y forme une clôture légère, indépendante de l'ossature métallique et n'ayant à porter que son poids. Elle est formée de blocs de terre cuite évidés, dont les parois n'ont que $0^m 03$ d'épaisseur et dont les joints d'assises sont échancrés pour recevoir des bandes de terre émaillée bleue. Les tons conventionnels des émaux et le ton de

la terre s'harmonisent avec ceux des bois apparents, des onyx et
des marbres auxquels s'associe le ton vert rompu des fers.

Un essai d'adaptation du grès à la décoration monumentale a

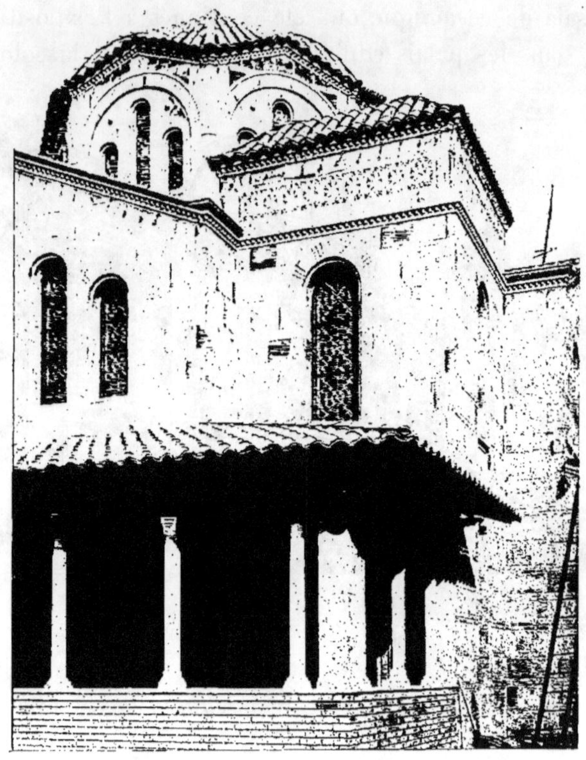

Fig. 124. — Pavillon de la Grèce à l'Exposition de 1900.
Composition de L. Magne, exécution de Lœbnitz.

été fait par MM. Muller et Bigot pour la frise du travail et la
bande d'animaux passants qui ornaient la porte de M. Binet à
l'Exposition universelle de 1900.

C'est surtout dans le but d'applications à l'architecture que
la fabrication du grès a été entreprise à la manufacture de
Sèvres. On y avait projeté l'exécution d'un palais de la céra-

mique dont une partie seulement a été exécutée et remontée
après l'Exposition de 1900 dans le square de Saint-Germain-des-
Prés (fig. 125). La manufacture avait exécuté aussi en grès une

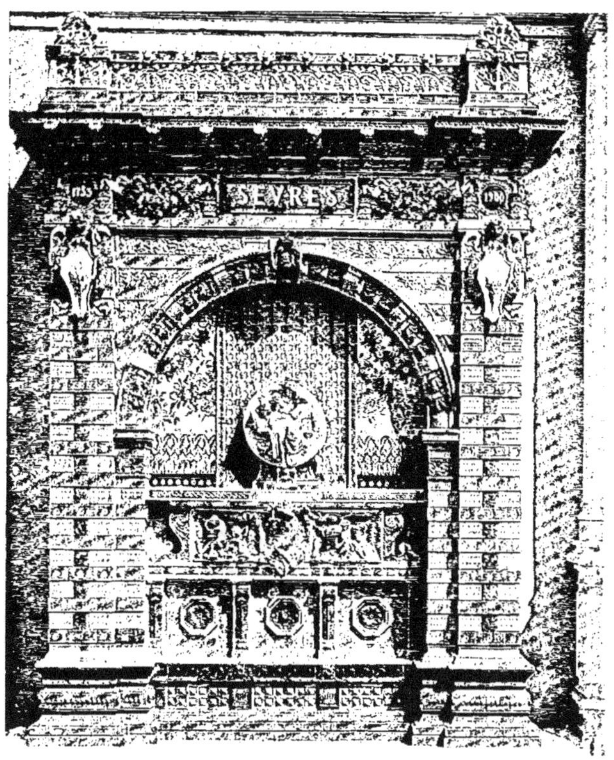

Fig. 125. — Fragment d'un palais d'Exposition en grès,
exécuté à la Manufacture de Sèvres. Square de l'église Saint-Germain-des-Prés.

fontaine à couverte cristallisée d'une jolie composition, mais
dont la décoration ne produisait pas l'effet qu'on en attendait
(fig. 126). L'application de la céramique à l'architecture exige
en effet l'emploi de colorations simples que l'œil puisse bien
saisir et qui ne risquent pas de détruire les formes.

Dans un sentiment plus littéraire qu'artistique on avait entrevu l'exécution du palais en porcelaine ; mais il y a lieu de considérer qu'il en est de la porcelaine comme du marbre et que la matière est assez belle par elle-même, par ses qualités de transparence pour ne pas admettre tous les décors, même ceux de grand feu.

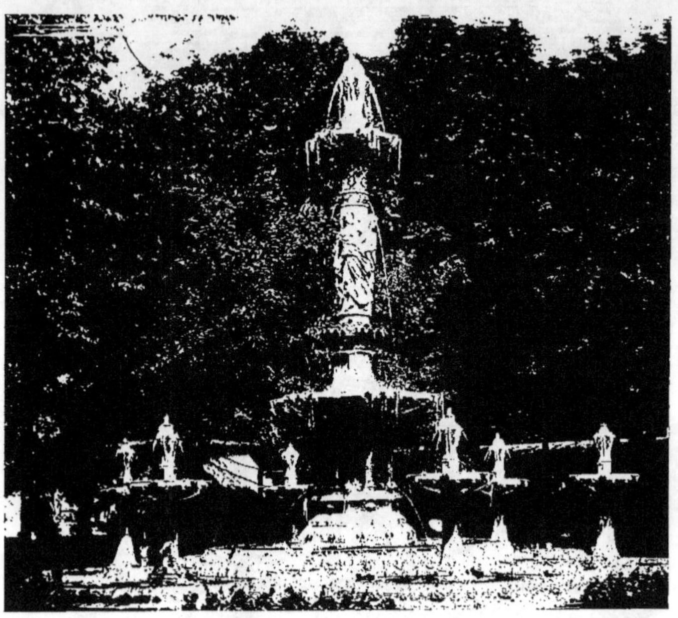

Fig. 126. — Fontaine en grès exposée, en 1900, par la Manufacture de Sèvres.
Couverte à cristallisations.

Si les Grecs n'ont pas chargé en couleur les marbres des monuments de l'Acropole, ni les figures votives qui ornaient les péristyles, c'est qu'ils ont eu conscience de la beauté de la matière qu'ils employaient et qu'ils ont su limiter la couleur à des rehauts qui aidaient à l'effet de transparence du marbre du Pentélique. Il semble qu'il y ait là une indication pour le décor des porcelaines qu'on a inutilement surchargé de couleurs de petit ou de grand feu, sans égard pour la porcelaine elle-même. Les bustes et surtouts exécutés à Sèvres, en biscuit, sans le secours de la couleur disent assez qu'elle doit être employée avec ménagement.

Il en est tout autrement pour les grès que les Orientaux ont enrichis des tons magnifiques de leur palette de grand feu et il est à remarquer que les rouges flammés des porcelaines chinoises s'appliquent à des pâtes grises ou jaunâtres très voisines de celles des grès.

Quel intérêt y a-t-il en effet à employer une matière fine et transparente, si la transparence doit disparaître sous des couvertes colorées.

Il semble donc, à réflexion, que la faïence et le grès demeurent les matériaux céramiques les mieux appropriés au décor architectural ; encore faut-il ne pas exposer la faïence à l'humidité et l'abriter sous des combles saillants.

D'autre part, même à des épaisseurs convenables, la céramique de revêtement ne peut former qu'un parement incapable de porter des charges ; il est donc nécessaire de prévoir un noyau de construction résistant, en briques, servant d'appui aux armatures des planchers. D'ailleurs, une épaisseur de briques serait une protection insuffisante contre les intempéries des saisons ; on peut donc admettre pour nos constructions futures en briques l'établissement de murs intérieurs portant les planchers, se liaisonnant avec une décoration de revêtement, mais pouvant laisser dans les parois des évidements qui correspondraient aux multiples exigences de la vie moderne et notamment aux gaînes d'air chaud alimentées en sous-sol par des batteries de radiateurs chauffés par la vapeur à basse pression. Il y a donc tout un système nouveau de construction à mettre au point pour lequel la céramique de revêtement, et de revêtement par petits éléments, peut fournir d'excellents matériaux. Les Orientaux, qui ne connaissaient pas la construction métallique, nous ont montré cependant la route à suivre, et si nous savons nous appuyer sur la tradition et sur la nature il n'est pas douteux que nous puissions, sur des programmes modernes, réaliser des ouvrages de décoration céramique bien appropriés à nos idées et mettant en œuvre toutes les qualités de la matière.

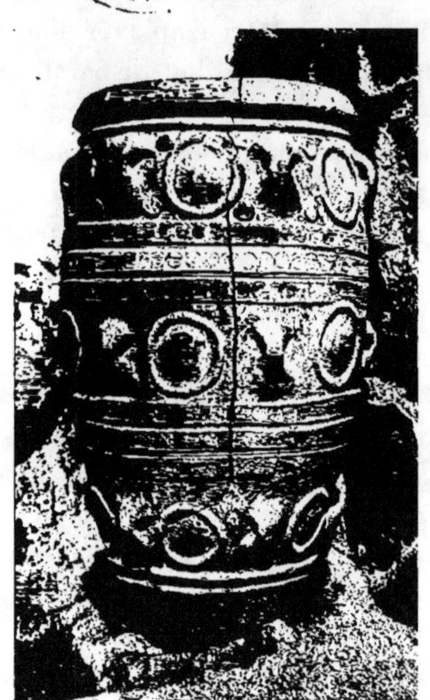

Une des jarres découvertes à Cnossos (Crète).

TABLE DES GRAVURES[1]

1. Les gravures publiées dans ce volume ont été généralement exécutées d'après les photographies de l'auteur.

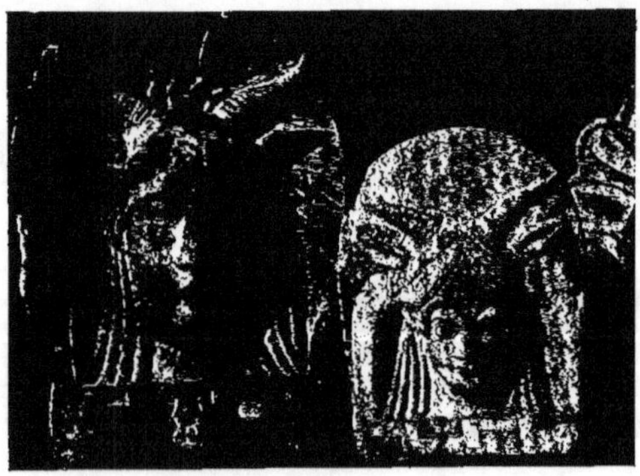

Antéfixes étrusques (Musée du Louvre).

TABLE DES MATIÈRES

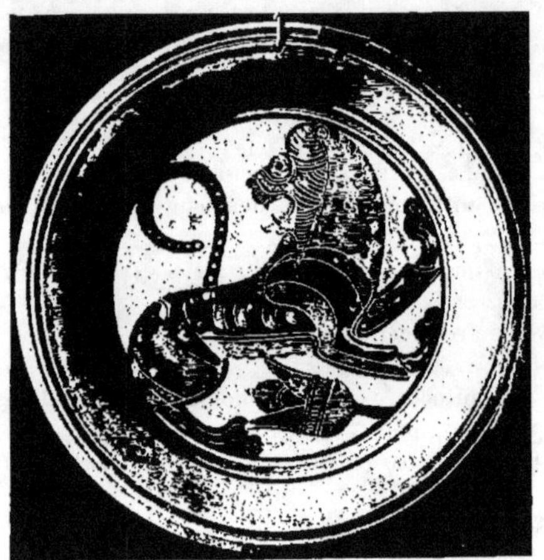

Plat corinthien à lion et lotus (Musée du Louvre).

MACON, PROTAT FRÈRES, IMPRIMEURS.

Paris

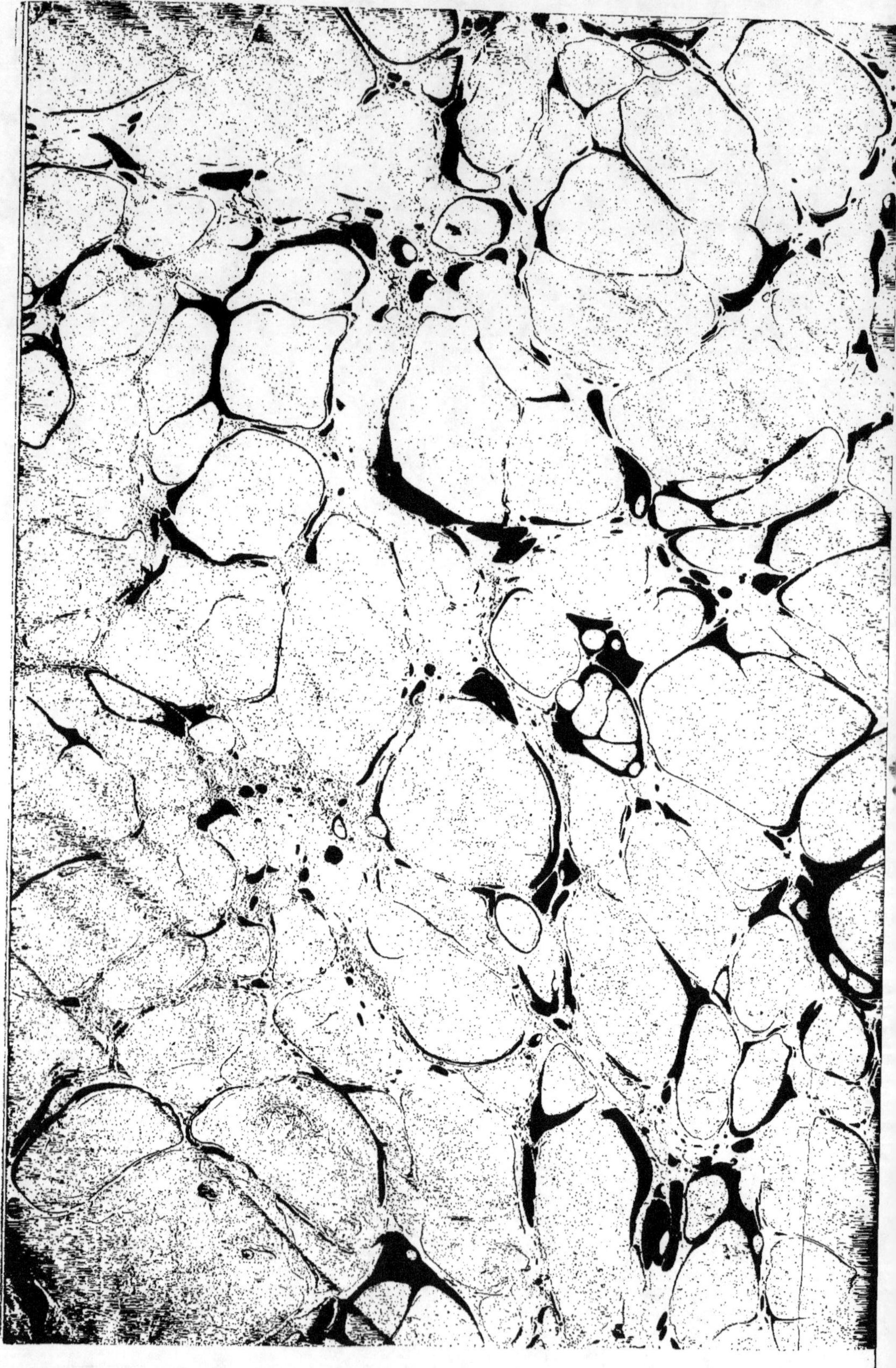

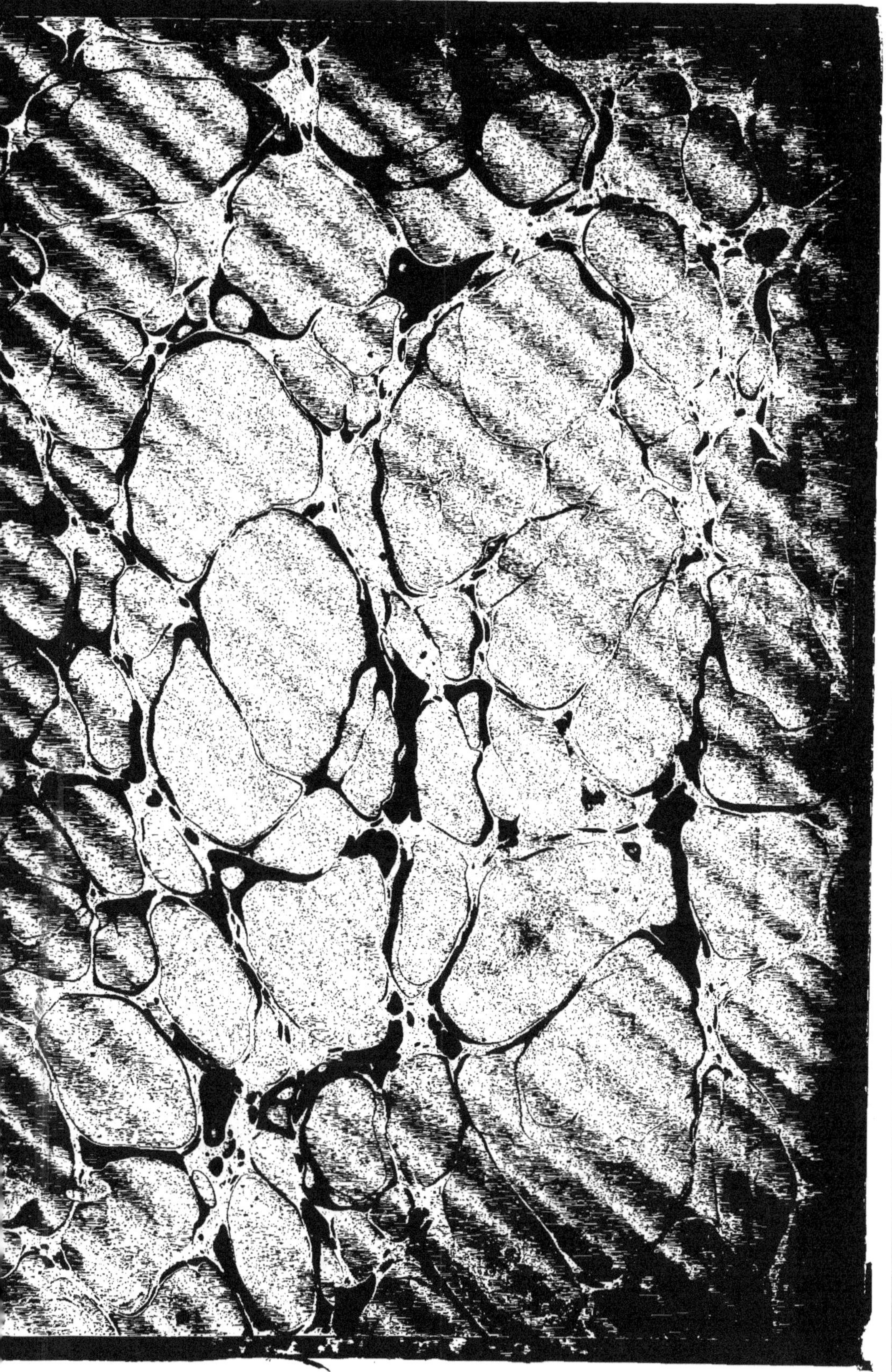